KB181299

영화로 쓰는
러브레터

이채원 **지음**

서 문

이 책은 2013년 2월부터 2016년 8월까지 3년 6개월의 기간 동안 〈매일경제신문〉 '인문학리포트'(Human in Biz)에 실린 칼럼들을 수정하고 확장하여 엮은 것이다. 영화를 통해 당시의 사회문화를 분석하고 성찰하는 것이 칼럼들의 기획목표였고, 신문은 이를 위해 더없이 좋은 매체였다. 그러나 한편으로는 한정된 지면으로 인해 많이 생략하고 축약해야 했던 아쉬움이 있다.

지금 이 시점에서 다시 칼럼들을 읽어보니 불과 몇 년 지나지 않았음에도 불구하고 많은 변화가 있었음을 깨닫게 된다. 칼럼이 연재되던 시기에 국가의 무능과 무책임을 보여준 세월호 사건이 있었고, 무능과 무책임에도 불구하고 여전히 단단한 권력과 이를 자발적으로 지탱해주려는 많은 사람들에게 놀라지 않을 수 없었다. 더욱 기고만장해진 국가권력은 역사교과서까지 국가주도로 단일화하려는 우민화 정책을 감행했고 이러한 퇴행을 합리화하려는 사람들의 목소리도 컸다. 많은 사람들이 그저 순응하며 권력의 언저리에서 그 구조 안으로 어떻게든 비집고 들어가려는 몸부림을 보였다.

하지만 촛불혁명이 일어났고 그 힘은 거대했다. 정권이 바뀌었으며 그에 따라 많은 것들이 변했다. 일상의 민주화에 대한 열망이 표면화 되었고 특권에 의한 횡포에 문제제기가 이어졌다. 강남역 사건으로 가시화 된 여성에 대한 폭력과 여성 살해 그리고 여성혐오에 대한 분노는 미투(#Me Too)를 비롯한 고발과 저항의 목소리로 이어졌다. 그러나 한편에서는 공정한 정보의 부재 속에서 페미니즘에 대한 반격 역시 거세졌다. 또한 빠른 속도로 변하는 국제정세와 강대국들의 이해관계 속에서 위태롭게 버텨왔던 한반도는 이제 지금까지와는 다른 생존과 번영의 방향을 모색하는 기로에 서 있다. 따라서 이 책에 실린 글들은 지금 이 자리에서 동시대를 반추(反芻)할 수 있는 자료가 될 것이다. 칼럼을 연재했던 그 당시 생략해야 했던 이야기들을 추가해서 수정함으로씨 원고분량은 신문에 실린 분량의 두 배 이상이 되었다.

기자의 원고청탁을 받아 글을 썼고 신문사로 송고했으나 신문지면에 게재되지 못한 칼럼이 한 편 있다. 제주 4·3을 언급한 글이다. 2013년 1월 세계적인 독립영화제인 '선댄스영화제'에서 제주 4·3을 소재로 한 영화 〈지슬: 끝나지 않은 세월2〉(오멸 감독)가 심사위원대상을 수상한 것과 맞물려 2013년 4월에 영화에 대한 소개와 함께 제주 4·3을 기억하는 방식에 대한 글을 썼다. 신문사 편집데스크에서 그 원고를 지면에 실을 수 없다는 결정을 했음을 내게 알려준 기자는, 정부가 최대 광고주인 신문사에서 몸을 사릴 수밖에 없는 자신들의 입장을 이해해달라고 말했다. 나의 글이 시의적절하고 사실상 별로 문제될 만한 것이 없는 글이라고 생각한다는 말도 덧붙였다. 기자의 말은 사려 깊었고 예의를 지키는 태도였으며, 정부가 최대 광고주라는 말을 그 당시에 정확하게 이해하지는 못했지만 그럴 수 있겠다고 생각했다. 다만 정치적인 이유로 언론의 자유가 침해당하는 일은 1980년대에 다 끝난 줄 알았기에 무척 충격적이었다. 2013년 4월은 박근혜 정권 초기였다. 이제 그 글을 이 책에 함께 수록한다.

개인적으로도 칼럼들을 연재하는 동안은 여러 생각들이 많은 시기였다. 한 편 한 편의 글을 쓸 당시 외부의 공기와 내면의 바람이 고스란히 기억된다. 탐욕스러운 정치관료들과 염치없는 기득권층에게 염증이 났고 그런 그들을 모방하고자 하는 사람들의 허위의식이 어이없고 딱했다. 그럼에도 나의 글들이 기본적으로 인간에 대한 신뢰와 진보에 대한 낙관에 기반을 두고 있었음을 느낀다. 칼럼이 연재되었던 3년 6개월 동안 나와 교감했던 차윤탁 기자님, 윤선영 연구원님, 김제림 기자님, 이준영 연구원님께 감사드린다. 언제나 나의 편이 되어서 내가 하고 싶은 일을 할 수 있도록 힘이 되어 주며, 내가 하기 싫은 일을 하지 않을 수 있도록 나를 지원해 준 남편 승희에게 고마움과 사랑의 마음을 전한다.

다시 또 더 나아감을 꿈꾸며
이채원

목 차

〈은교〉(감독 정지우, 2012)

영화와 선거를 통해 본
'노인의 반란'

선거결과에 영향을 미친 노년층의 높은 투표율

한 달 전까지 한국 사회를 뜨겁게 달궜던 대선정국에서 우리는 여러 유형의 편 가르기를 확인할 수 있었다. 지역에 의한 편 가르기, 진보와 보수라는 프레임에 의한 편 가르기, 여당과 야당이라는 편 가르기, 박정희 신화와 노무현 신화의 충돌에 의한 편 가르기 등이 그것이다. 그런데 이번 대선에서 특히 중요하게 부각된 편 가르기의 범주는 나이(세대)였다. 새누리당도 민주당도 각각 어떤 연령대의 투표율이 높은가에 따라서 승패가 갈린다는 것을 알고 있었으며, 민주당에서는 선거 때마다 투표율이 저조했던 젊은 층의 투표율을 끌어올리려고 고군분투했다. 하지만 이번 대선에서도 투표에 적극적이었던 것은 젊은 층이 아니라 장년층과 노년층이었고, 박근혜 후보의 승리에는 50대의 90%에 육박하는 투표참여가 결정적인 역할을 했다. 젊은 층보다 노년층의 투표율이 더 높다는 사실과 세대 간 편 가르기 양상에서 읽을 수 있는 한국사회의 문화적 특수성이 분명 존재한다. 한국 사회는 '나이'에 대해 민감하다. 모르는 사람을 처음 만났을 때 통성명과 함께 나이를 먼저 확인한다. 그리고 나이에 따라 관계유형이 결정되고 나이에 따라 서로를 대하는 태도나 말투가 달라진다. 또한 나이에 적합하다고 규정된 행동양식이 암묵적으로 요구된다. 한국

노시인, 이적요

사회에서 나이가 든다는 것은, 특히 '노인'이라고 일컬어지는 나이가 된다는 것은 '어르신'으로 대접받을 수 있다는 것을 의미하며 이때 나이는 곧 '권력'이 된다. '효'가 이데올로기가 된 한국사회에서 때로 노인들은 자신의 자식들에게 뿐만 아니라 남의 자식들에게도 공경을 강요하며, "너는 애비 어미도 없냐"는 말은 한국의 사회문화의 한 단면을 보여주는 언술이다. 한국어는 존댓말과 반말의 구별이 확실한 언어이고, 존댓말을 사용하는 사람과 반말을 사용하는 사람의 논쟁은 처음부터 불공정하다. 연장자 앞에서 술을 마실 때 고개를 돌리는 예의바른 행동은 외국인들이 보기에는 기이하고 차별적이다. 분명 한국사회는 때로 노인의 '횡포'가 용납되는 문화적 배경을 가지고 있다.

노인에게 금기시 되는 것들

　한편 나이에 민감한 한국사회에서 노인이 된다는 것은 많은 것을 포기하고 뒷전으로 물러나야 한다는 것을 의미하기도 한다. 뭔가를 시도하고 도전하려고 해도 나이에 의해 스스로 먼저 위축된다. 이때 '나이'는 자기 검열의 요인이자 소외감의 근원이 되고 차별의 원인이 된다. 누구나 나이를 먹지만 '동안 열풍'과 함께 젊어야 한다는 강박관념이 강한 사회문화 속에서 나이가 어린 것도 권력이 된다. 한국의 사회문화에서 노인에게 허용되지 않는 대표적인 것이 '사랑'이고 '성적 욕망'이다. 2012년에 개봉된 영화 중 많은 화제를 불러 일으켰던 영화 〈은교〉(정지우 감독)는 바로 금기시 된 노년의 사랑과 욕망을 다루고 있다. 영화 속에서 노시인 이적요(박해일)는 여고생인 은교(김고은)의 젊음을 동경하고 사랑한다. 70세 노인이 여고생에게 사랑의 감정을 느끼고 성적 욕망을 느끼며 이를 표출한다는 것은 한국 사회에서 허용되지 않는다. 따라서 영화 〈은교〉에서는 이를 독특한 방식으로 형상화 했다. 30대의 젊은 배우인 박해일이 노인 분장을 하고 노시인의 배역을 맡았으며, 은교와의 정사 신은 노인 분장을 지운 젊은 시절 시인의 신체를 매개하여 노시인의 환상으로 처리한 것이다. 이때 노역을 맡은 배우 박해일은 한편 노인이지만 한편 노인이 아니다. 이로써 은교에 대한 노시인의 욕망은 위태롭지만 안전하게 묘사된다. 이는 동시대 사회 규범과의 '타협'이라고 볼 수 있다. 영화는 '금기에 대한 저항'을 담고 있는 예술로서의 속성도 가지고 있지만 한편으로는 문화상품으로서 당대 대중의 기호와 성향을 고려해야 하기 때문이다. 이는 영화 〈은교〉의 한계라고도 볼 수 있는데 나이 듦은 자연일 뿐 죄가 아니며 따라서 노인의 욕망도 죄가 아님을 호소하면서도 노인의 사랑 그리고 섹슈얼리티를 그 자체로서는 영화미학으로 형상화 하지 못했기 때문이다. 그 배경에는 늙음에 대한 혐오가 자리한다. 영화 속에서 노시인 이적요는 다음과 같이 말한다.

> "너희의 젊음이 너희의 노력에 의하여 얻어진 것이 아닌 것처럼, 노인의 주름도 노인의 과오에 의해 얻은 것이 아니다."

여기서 '젊음'을 자랑스러운 것으로 상정하고 '늙음'을 한탄스러운 것으로 상정하는 시각을 볼 수 있다. 널리 알려진 민태원의 수필 '청춘예찬'에서 볼 수 있듯이 젊음은 축복 그 자체로 예찬되어왔다. 반면, 때로 노인의 연륜과 지혜가 존경받는다 해도, 늙음은 피하고 싶은 두려운 것이거나 혐오스러운 것으로 여겨져 왔다. 사랑과 욕망 역시 젊음의 특권이자 전유물로 생각되는 것이 일반적이다. 영화 〈은교〉는 이런 사회문화적 분위기에 나름의 방식으로 저항하고자 한다.

인간 감성의 해방을 위한 선결 조건

한편 역시 2012년에 개봉된 영화 〈내 슬픈 창녀들의 추억〉(헤닝 칼슨 감독)에서는 14세 소녀를 사랑하는 90세 노인의 역할을 위해 젊은 배우가 노인 분장을 하지 않았다. 가브리엘 마르케스의 소설을 원작으로 하는 이 영화에서 90세 노인 역을 맡은 배우 에밀리오 에체바리아는 얼굴에 주름이 가득한 노인이었으며 14세 소녀에 대한 감정을 환상이라는 장치 없이 솔직하고 적나라하게 영상화 했다. 다른 문화권에서 유사한 소재와 모티브를 가지고 만들어진 영화에서 다른 방식으로 형상화 된 노년의 사랑

노시인 이적요의 상상 속 젊은 이적요와 은교의 모습

과 욕망은 한국 사회가 얼마나 노인의 감정과 욕망을 금기시하고 억압하는지, 또한 나이에 의한 차별과 배제가 얼마나 심한지를 반증한다. 이 영화에서 90세 노인의 사랑과 욕망에 대한 솔직한 고백이 한국 관객에게 불편하게 다가온다면 그만큼 한국 문화에서는 노인을 섹슈얼리티가 거세된 무성적인 존재로 보고 있는 것이다.

민주주의의 원칙을 공적영역에 국한시키지 않고 개인적인 관계의 영역으로까지 확대한 영국의 사회학자 앤소니 기든스Anthony Giddens는 섹슈얼리티를 "신체와 자기정체성 그리고 사회 규범이 일차적으로 연결되는 지점"으로서 정의했다. 이는 섹슈얼리티가 "자아를 유동적이고 탄력적으로 구성하는 요소일 뿐만 아니라 사회적 삶을 정서적으로 재조직하는 매개"라는 것을 의미한다. 결국 노인을 무성적 존재로 거세시킨 한국 사회에서 영화 〈은교〉가 제도권 내에서 만들어지고 상영될 수 있었던 것은 타자화 된 노인의 문화적 반란이라고 할 수 있다. 앞서 언급한 타협과 한계에도 불구하고, 타협과 한계의 틈새에서 변화의 가능성이 열리고 저항담론이 생성되기 때문이다.

여기서 중요하게 염두에 두어야 할 것이 있다. 섹슈얼리티는 권력과도 폭력과도 연결되기 쉽다는 것이다. 앞서 노인은 섹슈얼리티가 거세된 무성적 존재로 취급받고 있음을 언급했다. 나이에 민감한 한국사회에서 노인에 대한 공경은 한편 노인을 주변부로 밀쳐내는 양가적 특징을 가지고 있음도 분석했다. 그렇다면 주변부로 밀려나지 않을 만큼의 권력을 가진 노인의 경우는 어떠한가? 금기가 많았던 규범의 시대에도 왕이나 황제 같은 권력자들은 무치(無恥)의 존재로서 규범 밖에 있었다. 그들은 권력을 바탕으로 딸 또는 손녀 같은 나이의 어린 여성을 소유했다. 돈이 권력이 되는 자본주의 사회에서 재력을 소유한 노인은 재력을 바탕으로 젊은 여성과 관계하기도 한다. 찰리 채플린이나 파블로 피카소 같은 유명 예술가들의 여성 편력을 (그 여성 편력이 악질적인 경우에도) 동경하거나 모방하는 사람도 있다. 〈은교〉의 노시인 이적요 역시 명망을 얻은 시인으로서 자기도취가 강했으며, 은교의 감정이나 생각은 알지 못했고 알려고 하지도 않았다. 즉 은교와의 교감이 중요한 것이 아니라 자신의 감정과 욕망에만 관심이 있었다. 또한 노인을 주변부로 밀어내는 기존 사회문화에 저항하려 했으나 중심과 주변의 경계를 무화시키는 전복적인 저항을 지향한 것이 아니라 그 자신이 다시 중심에 서고자 했다. 그 과정에서 은교와 관계한 자신의 제자를 제거하려 했다. 결과적으로 기존 사회문화의 규범에 의해 억압된 인간 감성의 해방으로 향하지 못했다. 섹슈얼리티는 욕망이나 소유가 아니라 관계이다. 권력에 의한 강요나 폭력에 의한 관계는 사랑이 아니다. 사랑과 섹슈얼리티가 억압된 인간 감성을 해방시키는 동인으로 작동할 수 있기 위해서는 이 점을 먼저 기억해야 한다.

세대 간 관계의 새로운 방향

한국사회는 급속하게 고령화 되었으며 평균수명도 연장되었다. 게다가 이제는 자녀세대로부터 부양 받기를 기대할 수 없는 환경이다. 또한 한국의 현대사에서 산업화와 민주화를 이루어냈던 주역들은 장년이 되었다는 이유로 주변으로 밀려나는 것을 거부한다. 정치적 목소리를 내는 것도 포기하지 않는다. 노인 또한 혈관에 피가 흐르는 인간으로서 그들의 감정과 정서가 박제된 것이 아님을 주장하기 시작했다. 거세된 존재가 되어 뒷전으로 밀려 나지 않겠다는 구세대의 저항은 문화적 담론에서도 투표현장에서도 확인되었다. 이에 대응하는 젊은 세대의 자세는 어떠한가. 분명 젊은 세대는 기성세대가 이룩한 산업화와 민주화의 토양에서 태어나고 자랐다. 하지만 현재 젊은 세대는 장밋빛 미래를 꿈꿀 수 없다. 수저계급론과 3포 세대라는 자조적인 수사(修辭) 속에서 젊은 세대는 이전 세대를 존경하기 힘들다. 헝그리 정신으로 버티며 일했던 구세대는 젊은 세대가 힘든 일을 하지 않으려 한다고 혀를 차고, 헝그리 세대와는 너무 다른 문화적 배경에서 성장한 젊은 세대는 구세대에게 분노한다. 세대 간 몰이해나 갈등은 오래된 화두이지만 지금 한국 사회의 세대 간 간극은 그 어느 때보다 커 보인다. 정치현장에서, 문화적 향유의 장에서, 가정에서 그리고 일터에서 나이(세대)에 의한 차별과 배제와 편 가르기는 이제 한국 사회에서 극복해야 할 중요한 과제가 되었다.

〈아무르(Amour)〉(감독 미하엘 하네케, 2012)

인간답게 죽을 권리,
인간답게 살 권리

극한의 사랑, 부부 간 동지애

    장 자크 아노 감독의 영화 〈연인〉의 도입 부분에서 인상적인 보이스 오버 내레이션이 나온다. "나이가 든다는 건 잔인한 일이었다. 그것은 내 외모를 하나씩 허물어뜨렸다." 나이가 들면서 외모가 쇠락해간다는 건 분명 잔인한 일이지만 그보다 더 잔인한 일들이 나이 듦과 함께 찾아온다. 그 중 가장 잔인한 일은 더 이상 인간으로서 존엄성을 지키지 못한 채 살아야 하는 것이다. 2013년 1월에 참으로 우울한 기사를 접하게 되었다. 치매인 아내를 2년 동안 병간호하다 점차로 심해지는 증세를 견디다 못해 결국 아내를 죽이는 선택을 했던 79세 노인에 관한 기사였다. 그는 아내의 목을 조르며 "여보 우리 같이 가자. 나 당신 사랑해. 나도 따라갈게. 당신도 나도 힘들었어. 애들 짐 덜어주자."고 말했다고 한다. 검찰은 "피해자가 몸부림치며 피고 몸에 낸 상처를 볼 때 피해자는 함께 살고자 했을 것"이라고 하면서도 정상을 참작해서 살인죄의 최소 형량인 징역 5년을 구형했고 재판부는 징역 3년을 선고했다. 이 사건에서 피고인에 대해 판단하고 단죄하는 것은 쉽지 않다. 피고인의 아내가, 생명체의 살고자 하는 본능대로, 죽기를 원하지 않았다고 해도, 또한 생명이란 인간이 인위적으로 손댈 수 없는 영역이라고 해도 그의 선택이 어쩌면 사랑의 한 방

음악교사였던 안느가 거실에서 피아노 앞에 앉아 있는 모습

법이었을 수 있다는 생각이 든다. 공교롭게도 미하엘 하네케 감독의 최근 영화 〈아무르(Amour)〉의 영상들이 이런 상황을 담고 있다.

〈아무르〉는 2012년 칸 영화제 황금종려상 수상작이면서, 70세인 하네케 감독이 아내와의 약속을 영화에 담았다고 고백한 작품이기도 하다. 영화 속 주인공은 노부부인 조르주(장 루이 트린티냥)와 안느(엠마누엘 리바)이다. 도입부에서 음악회에 함께 다녀오는 노부부의 모습은 서로를 존중하며 평화로운 생활을 이어가는 그들의 삶이 조화로운 교향곡과도 같음을 보여준다. 파열음이 시작된 것은 안느가 마비 증세를 보이면서부터이다. 그때까지만 해도 조르주도 안느도 품위 있게 살려고 했고 그럴 수 있었다. 조르주는 아내의 간병에 헌신적이었고 안느 역시 몸은 불편하지만 온전한 정신을 가지고 자존감을 지키며 생활하려 노력했다. 그러나 점점 더 심해지는 증상은 인간의 의지로 극복할 수 있는 것이 아니었다. 결국 안느는 죽음을 원했지만 꼼짝도 할 수 없는 그녀가 죽을 수 있는 방법은 음식과 물을 거부하는 것뿐이었다. 조르주가 통사정하며 억지로 먹인 물마저 안느가 토해버리자 결국 조르주는 안느의 뺨을 때리게 된다. 스스로의 행동을 믿을 수 없어 괴로워하던 조르주는 자신의 어린 시절 경험을 안느에게 이야기해준다. 캠프에 가서 먹기 싫은 음식을 억지로 먹어야 했을 때의 심정을 말한다. 강제적인 음식물의 투여는 (그것이 유기물을 섭취해야 하는 생명체를 살리기 위한 것이었다고 해도) 폭력이 될 수 있다. 누구도 자신의 이야기에 귀를 기울이지 않아서 극단적인 발언의 방식으로 단식 투쟁을 할 때, 튜브를 통해 강제적으로 음식물을 주입당한 경험이 있는 사람은 그것이 마치 강간당하는 기분이었다고 회고하기도 한다. 안느 역시 그런 기분이었을 것이고 조르주는 자신의 어린 시절 경험을 통해 어느 정도 안느의 심경을 이해하게 된 것이다. 그리고 그 얘기를 끝낸 후 조르주는 베개로 안느를 질식시킨다. 안느는 본능적으로 잠시 버둥거렸지만 조르주는 안느가 원한 것이 '죽음'이었고 '인간다운 삶'이라는 것을 알고 있었다. '아무르Amour'는 '사랑'이라는 뜻이다. 자신의 목숨을 버릴 만큼 사랑하는 것도 아무나 할 수 있는 일은 아니지만 상대를 죽일 수 있을 만큼 사랑하는 것도 어려운 일이다. 조르주가 그만큼 아내를 사랑했음을 감독은 제목으로 암시하고 있다.

존엄사

〈아무르〉를 보면서 클린트 이스트우드 감독의 영화 〈밀리언 달러 베이비(Million Dollar Baby)〉(2005)의 영상들이 중첩된다. 인물들이 처한

영화 〈밀리언달러 베이비〉, 사고를 당하기 전 훈련 중인 매기

상황은 많이 다르지만 본질적으로 유사한 질문을 던지는 영화이다. 식당 종업원인 매기(힐러리 스웽크)는 손님이 남긴 스테이크를 집으로 가져와서 먹고 팁을 소중히 모을 정도로 궁핍하지만 성실하다. 그런 그가 권투 트레이너인 프랭키(클린트 이스트우드)에게 자신을 지도해줄 것을 요청하지만 프랭키는 여자는 키우지 않는다면서 거절한다. 팁을 모은 돈으로 펀치볼을 사고 체육관비를 6개월치 선지급하며 밤마다 체육관에 나와서 샌드백을 두드리는 매기에게 프랭키는 현실적인 충고를 한다. 서른 한 살인 여자가 발레리나를 꿈꿔서는 안 되는 것처럼 권투선수를 꿈꿔서도 안 된다고 말하는 프랭키에게 매기는 자신이 권투를 얼마나 좋아하는지를 항변한다. 결국 프랭키는 매기를 지도하게 되고 매기는 권투선수로서 승승장구하게 되며 두 사람은 부녀지간 같은 정을 느끼게 된다. 프랭키의 딸인 케이티는 어떤 이유에서인지 프랭키와 절연한 상태이고 매기의 엄

영화 〈밀리언달러 베이비〉, 사고를 당하기 전 매기와 프랭키

마는 착한 딸에게 냉혹하다. 챔피언 결정전에서 매기는 우세한 경기를 펼치고 챔피언 타이틀을 눈앞에 둔 상태에서 상대 선수의 야비한 반칙으로 치명적인 부상을 입는다. 여기서부터 영화 〈밀리언 달러 베이비〉는 완전히 다른 방향으로 이야기가 전개된다.

척추신경을 잃게 된 매기는 목 아래 부분을 사용할 수 없게 되고, 자가 호흡을 하지 못해서 산소호흡기에 의지해야 했다. 썩어 들어간 다리를 절단하고 그 와중에 병원에 찾아온 엄마와 형제들은 매기의 대전료와 보험금을 탐낸다. 신경이 마비돼서 손으로 사인을 하지 못하는 매기의 입에 펜을 물리며 재산 양도서에 사인하라고 강요하는 가족들의 모습은 '핏줄', '혈연', '천륜'이라는 단어의 폭력성을 유감없이 보여준다. 매기는 프랭키에게 안락사를 부탁한다. 심한 고통에 살아갈 의지를 잃은 것이 아니었다. 자신은 원하던 모든 것을 했고 가져 봤으며 그걸 빼앗기게 하지 말

안느의 이상증세를 처음 인식한 조르주가 당황하여 안느를 응시한다.

아달라고 말한다. 자신의 이름을 외치던 환호소리가 안 들릴 때까지 여기 누워있게 하지 말아달라는 매기의 부탁을 프랭키는 거절한다. 결국 목 아래 부분을 전혀 쓸 수 없는 매기가 스스로 죽음을 택하는 방법으로 두 번이나 혀를 깨물자 프랭키는 결심을 하게 된다.

　매기의 선택과 프랭키의 선택에 대해서 논쟁의 여지가 분명 있다. 프랭키는 '그애를 살려두는 게 그애를 죽이는 일'이라는 것을 알고 있기에 하기 힘든 일을 했다. 프랭키가 매주 나가는 성당 신부처럼 '신의 영역이니 당신은 빠지라'고 말하는 일은 오히려 쉽다. 프랭키는 매기의 산소 호흡기를 떼어주며 매기가 뜻을 알고 싶어 했던 단어, '모쿠슈라'의 뜻을 말해준다. '나의 소중한 나의 혈육'이라는 의미를 알게 된 매기는 미소지으며 눈물을 흘린다. 아무리 논란이 뜨거워도 프랭키의 선택이 매기를 진정으로 사랑하기에 가능했다는 것은 분명하다. 그렇기 때문에 77회 아카데미상 심사위원들은 아메리칸 드림으로 화려하게 무장한 〈에비에이터〉가 아닌 〈밀리언 달러 베이비〉에게 작품상과 감독상을 준 것이다. 때로 죽는 것이 사는 것이며 용서받을 수 없을 것 같은 범죄행위가 가장 용기 있는 행동이며 지극한 애정의 결과라는 역설과 더불어 인간답게 살 권리는 인간답게 죽을 권리를 내포하고 있다는 것을 이 영화는 보여준다.

여기서 자연스럽게 '존엄사'에 대해 생각하게 된다. '존엄사Death with dignity, Euthanasia'는 인간다운 존엄을 지키면서 죽을 권리를 의미하지만 사실상 인간다운 존엄을 지키면서 살 권리를 의미한다고 보는 게 더 맞다. 인간다운 존엄을 지키면서 살 수 없다면 죽음을 선택할 수도 있다는 것을 의미한다. 2012년 12월, 사전의료의향서 Advanced Directives 에 서명하는 사람들이 많아지고 있다는 기사를 읽었다. 사전의료의향서는 더 이상 회복 불가능한 상태가 되었을 때 인공호흡기를 달지 않고 강제 영양 공급을 받지 않겠다고 서약하는 제도이다. 즉 무의미한 연명치료를 받지 않겠다는 의사표시이며, 단지 호흡만을 유지한다고 해서 살아있는 것은 아니라는 인식이기도 하다. 이미 오래 전에 고령화 사회로 접어든 한국에서 이제는 '존엄사'에 대한 좀 더 합리적이고 유연한 논의가 이루어져야 하겠다. 그리고 그 이전에, 치매와 같이 한 가정을 파괴할 수도 있는 질병에 대해 그 고통과 책임을 가족만이 부담하지 않을 수 있도록 사회적 제도적 장치가 보완되어야 한다. 극장에서 〈아무르〉의 엔딩 크레디트가 올라갈 때 미동도 하지 않고 자리를 지키고 있었던 노부부의 뒷모습이 너무도 많은 것을 말하고 있었다.

〈지슬〉(감독 오멸, 2012)

낮게 울려 퍼지는 강렬한 진혼곡,
: 영화 〈지슬〉이 상기시키는 과거와 현재

제주 4·3의 특수성

이국적인 풍광으로 인해 관광지 혹은 휴양지로 소비되는 제주도는 한국 현대사의 혼돈과 광기를 온 몸으로 겪어낸 곳이기도 하다. 외지인들이 카메라 셔터를 누르며 누비는 곳곳에 70여 년 전 영문도 모른 채 학살당했던 순박한 제주도민들의 아픈 역사가 아로새겨져 있다. 그 아픈 역사는 킬링필드나 난징대학살, 베트남전에서의 민간인 학살과 마찬가지로 국가권력에 의해 민간인들이 잔혹하게 희생당한 4·3 사건이다.

제주 4·3 사건에서는 군인뿐만 아니라 '서북청년단'이라는 극우 단체가 살인 강간 약탈 방화에 적극 가담했다. 당시 권력자들의 비호 아래, 판단력이 거세된 그들의 폭력은 실체도 불분명한 대상에 대한 공포와 증오로 인해 가공할 만한 수준이었다.

불법과 야만이 극에 달한 사건이었음에도 불구하고 가해자에 대한 단죄도 가해자의 사과도 제대로 이루어지지 않은 채 제주 4·3에 대해서 말하는 사람도 많지 않다. 올해도 제주 4·3 위령제는 언론의 조명을 받지 못한 채 조용히 지나갔다. 박근혜 대통령도 위령제에 참석하지 않았다.

대한민국의 식민지 체험과 분단은 외세의 개입과 외세에 유착하여 권력을 획득한 이들의 이해관계와 깊이 얽혀있다. 친일로 권력을 유지했던 세력이 해방으로 인해 단죄되기는커녕, 친일 권력자들이 재빨리 친미로 돌아서면서 그들의 권력을 계속 유지했다. 그들은 '반공 이데올로기'를 자신들의 권력을 강화하기 위한 수단으로 사용했으며 반대세력을 숙청하기 위해 내세운 명분도 '빨갱이 처단'이었다. 그들이 만들어낸 '빨갱이'에 대한 공포는 실제 '빨갱이'에 대한 두려움보다는 '빨갱이'로 몰릴 것에 대한 두려움을 형성함으로써 그들 권력의 지지 기반이 된다. 남한만의 단독 정부수립을 위한 5·10 총선거에 반대하는 시위가 일어났을 때 미군정과 이승만 세력과 서북청년단 등은 제주도민을 모두 '폭도'로 몰아 3만 여명에 달하는 양민들을 무차별적으로 살상했다. 이는 당시 정권의 취약한 권력 근거와 한반도가 전략적 요충지가 되어버린 미군정의 이해관계가 맞물려서 자행된 비극이다. 당시 미군정은 해안선 5km 밖에 있는 모든 사람들을 폭도로 간주하고 무조건 사살하라는 명령을 내렸는데 '폭도로 간주'된 사람들은 대부분 농사짓고 돼지 키우며 소위 '이념'과는 무관하게 살아가는 사람들이었다. 노무현 대통령이 재임 시절 제주 4·3에 대해 국가권력이 행한 잘못이었음을 시인하고 위령제에 참석했으나 그 이후 안보에 대한 불안감과 학습된 공포는 또다시 '레드 콤플렉스'를 부활시켰고 제주 4·3 역시 공적인 담론에서 밀려났다.

시(詩) 같은 영상이 만들어내는 진혼곡

그런데 들판을 서서히 잠식해가는 들불처럼, 미약한 것 같지만 쉽게 잦아들지 않는 낮은 목소리 하나가 파장을 일으켰다. 영화 〈지슬: 끝나지 않은 세월2〉의 상영과 관객들의 뜨거운 반응이 그것이다. 〈지슬〉이 부상한 것은 지난 1월 선댄스영화제에서 월드 드라마틱 경쟁 부문 심사위원대상을 수상하면서부터이다. "깊이 있는 서사와 더불어 시적인 이미지까지 〈지슬〉은 우리 모두를 강렬하게 사로잡을 만큼 매혹적이었다."는 심사평에서 알 수 있듯이 〈지슬〉은 미학적으로 뛰어난 작품이며 아픈 역사를 소재로 하고 있으면서도 선동적이지 않다. 그동안 피해자들의 증언을 통해 알려지고 제주 출신 소설가들에 의해 형상화 되어 왔던 당시 상황은 너무나 참혹하지만, 영화 〈지슬〉이 피해자들의 고통을 묘사하는 방식은 무척이나 절제되어 있다. 그러나 '빨갱이'일리 없음을 군인도 알고 있는 제주처녀 순덕이 당하는 고통은 아무리 절제된 방식으로 재현된다 해도 국가권력/점령군/남성성의 폭력과 야만이 어떤 것인지를 관객으로 하여금 서늘하게 느끼게 한다. 영화 〈지슬〉은 당시 가해자였던 한국 군인들도 섬세하게 조명하는데 그들 모두를 악한 세력으로 일괄적으로 묘사하지는 않으며 그들의 처참함 역시 과장됨 없이 보여준다. 당시 군인들 중에는 살육의 시공간에서 피와 가학의 광기 속에 빠진 이들도 있었지만, 무고한 민간인들을 죽여야 하는 상황 속에서 괴로워하는 이들도 있었다. 민간인 학살을 거부했다는 이유로 눈밭에서 벌거벗고 서 있어야 했던 박상병은 잡혀 온 여자에게 인간적인 친절을 베풀다가 결국 죽는다. 그는 더 이상 순박한 민간인들을 죽일 수 없다는 생각에서 동료에게 탈영을 제안하기도 했지만 그의 양심은 광기의 불길을 거스르기에는 미약했다.

제정신으로는 하기 힘든 여러 비행들을 자행하는 (실존인물이기도 했던) 마약중독자 김상사는 당시 명령을 내리고 명령을 수행하는 이들의 광기가 어떤 것이었는지를 압축적으로 보여준다. 결국 김상사는 앳된 얼굴의 소년병에게 죽임을 당한다. 애걸하는 김상사에게 소년은 "형, 이제 그만 죽이세요."라고 말하는데, 죽이는 것을 멈추게 하려고 죽여야 하는 처절함이 무심한듯하게 전달되어 비극적 정조가 오히려 더해진다. 무거운듯하면서 유머가 엿보이고 고통과 먹먹함을 절제하면서 전개하는 것이 영화 〈지슬〉의 탁월한 미학적 성취이며 이는 슬픔의 정서를 배가시킨다. 영문도 모른 채 동굴 속에 숨어 있는 사람들은 이웃의 안위를 걱정하며 일상의 대화들을 나눈다. 그들이 사용하는 제주 방언은 자막처리가 필요할 정도로 사실적이며 제주 출신 감독과 배우들이 만들어 낸 이 영화는 그날 그 공간에 우리를 좀 더 가까이 초대한다. 영화의 제목인 '지슬'은 '감자'의 제주 방언이다. 잔인하게 살해된 어머니의 시신 옆에 있던 감자를 들고 와서 동굴 속에서 굶주리던 마을 사람들에게 먹여야 했던 무동은 임신한 아내가 동굴에서 빠져나오지 못하자 아내를 놔두고 돌아서야 했다. 망설이는 무동에게 어서 가라고 소리치는 아내를 보면서 다음과 같이 물어야 했다. "도대체 그들이 왜? 그들을 왜?"

아직 끝나지 않았다

〈지슬〉의 부제는 '끝나지 않은 세월'이다. 그들이 겪어야 했던 고통과 억울함에 대한 가해자의 진정성 있는 사죄가 없었기 때문이기도 하고, 현재 한국 사회가 여전히 탈식민을 이루지 못했기 때문이기도 하다. 〈지슬〉의 엔딩 자막에서 당시 학살에 미군정도 참여했으나 그들은 여전히 침묵하고 있다는 언급이 나온다. 베트남전에서 미군이 자행했던 민간인 학살에 대한 미국 내에서의 비판과 성찰은 어느 정도 이루어진 상태이지만 제주 4·3은 제대로 알려지지도 않았다. 한국군과 극우단체 역시 가해자였던 상황에서 한국정부가 미국에 책임을 물을 수도 없는 입장이다. 게다가 주권을 가지고 있는 독립 국가의 영토 안에서 지금도 계속되는 미군들의 범죄와 한국 경찰을 모독하는 그들의 행태를 보면서 그들이 얼마나 우리를 무시하면 그런 짓들을 할 수 있는지 묻게 된다. 우리는 전 세계적으로 유례없이 불평등한 SOFA 규정을 체결했다. 가까이 일본만 하더라도 오키나와에 주둔하고 있는 미군들은 치외법권적인 지위를 보장받지 못하며 따라서 일본국민과 경찰에게 무도한 짓을 자행하지 못한다. 한국에서는 오랫동안 한국과 미국의 동맹 관계가 평등하고 우호적인 것인지에 대한 우리 내부에서의 문제 제기조차 금기시 되어 왔다. 무엇보다 우리에게 여전히 '빨갱이'라는 낙인찍기와 공포형성의 정서가 남아있지 않은지, 그로 인해 진혼곡과 같은 〈지슬〉이 건네는 이야기에 귀를 막고 있지 않은지, 미군들의 악행에도 주권국으로서 정당한 권리주장을 하지 못하는 것이 아닌지 생각해 볼 필요가 있다. 또한 한국 현대사에서 공권력이 자국민을 학살한 사례가 반복되었다면 그것이 어떻게 가능했는지도 질문해야 한다. 자국민을 보호하는 것이 군대의 존재 이유인데 군대가 자국의 민간인들을 학살한 사례는 전 세계적으로 흔하지 않다. 우리의 경우 짧은 현대사에서 그와 같은 만행이 너무도 쉽게 반복되었다. 질문과 반성과 사죄가 없다면 여전히 '끝나지 않은 세월'이다. 우리 내부에 대한 성찰이 없다면 야만의 시대는 변주되어 반복된다.

제주 4·3의 만행 기록들

1947년 3월 1일부터 1954년 9월 21일까지 제주도에서 발생한 남로당 무장대와 토벌대 간의 무력충돌과 토벌대의 진압과정에서 다수의 주민들이 희생당한 사건. 1947년 3월 1일, 3·1절 기념 제주도대회에 참가했던 이들의 시가행진을 구경하던 군중들에게 경찰이 총을 발사함으로써 민간인 6명이 숨지는 사건이 발생했다. 이에 남로당 제주도당은 조직적

민간인 학살의 광기 앞에 죄책감과 무력감을 느끼는 박상병

인 반 경찰 활동을 전개했고, 제주도 전체 직장의 95% 이상이 참여한 대규모 민·관 총파업이 이어졌다. 미군정은 이 총파업이 경찰 발포에 대한 도민의 반감과 이를 증폭시킨 남로당의 선동에 있다고 분석했지만, 사후 처리는 경찰의 발포보다는 남로당의 선동에 비중을 두고 강공정책을 추진했다. 5월 10일, 전국 200개 선거구에서 일제히 선거가 실시됐다. 그러나 제주도의 세 개 선거구 가운데 두 개 선거구가 투표수 과반수 미달로 무효 처리됐다. 제주도가 남한에서 유일하게 5·10 선거를 거부한 지역으로 역사에 남게 되었다. 결국 5·10 선거 후 강도 높은 진압작전이 전개됐다. 이승만 정부는 10월 11일 제주도에 경비사령부를 설치하고 본토의 군 병력을 제주에 증파시켰다. 1948년 10월 17일 제9연대장 송요찬 소령은 해안선으로부터 5㎞ 이상 들어간 중산간 지대를 통행하는 자는 폭도배로 간주해 총살하겠다는 포고문을 발표했다. 11월 17일 제주도에 계엄령이 선포된 이후, 중산간 지대는 초토화의 참상을 겪었다. 11월 중순께부터 이듬 해 2월까지 약 4개월 동안, 진압군은 중산간 마을에 불을 지르고

학살의 이유도 모른 채 죽음을 피하기 위해 주민들이 숨어야 했던 토굴

주민들을 집단으로 살상했다. 중산간 지대에서 뿐만 아니라 해안마을에 소개한 주민들까지도 무장대에 협조했다는 이유로 희생되었다. 그 결과 목숨을 부지하기 위해 입산하는 피난민이 더욱 늘었고, 추운 겨울을 한라산 속에서 숨어 다니다 잡히면 사살되거나 형무소 등지로 보내졌다. 4개월 동안 진행된 토벌대의 초토화 작전으로 중산간 마을 95% 이상이 방화되었고, 마을 자체가 없어져버린 이른 바 '잃어버린 마을'이 수십 개에 이르게 된다. 80년대 이후 4·3사건의 진상규명을 위한 각계의 노력이 결실을 맺어 2000년 1월에 「4·3특별법」(제주 4·3사건 진상규명 및 희생자 명예회복에 관한 특별법)이 공포되고, 이에 따라 8월 28일 '제주 4·3사건 진상규명 및 희생자 명예회복위원회'가 설치되어 정부차원의 진상조사를 실시하였다. 그 결과 2003년 10월 정부의 진상보고서(『제주 4·3사건 진상조사 보고서』)가 채택되고, 대통령의 공식 사과 등이 이루어졌다. 이후 4·3평화공원 등이 조성되었다.

출처: 한국민족문화대백과사전

낮게 울려 퍼지는 강렬한 진혼곡,

대표적인 주민 학살 사건인 '북촌 사건'에서는 남녀노소 가리지 않고 한 마을 주민 전체 400여 명이 국군 2연대에 의해 총살당하기도 했는데, 이에 대해서는 "군인들에게 총살 경험을 시켜주기 위해 실시되었다."라는 증언도 나왔다. '북촌 사건'은 훗날 마을을 습격한 무장 공비들의 소행으로 책임이 전가된다.

고문과 학살을 주도한 송요찬 9연대장은 일본군 출신이었고, 정보참모 탁성록 대위는 마약 중독자였다. 특별수사대장 최난수 경감은 일제 고등계 형사 출신으로 여자들을 나체로 거꾸로 매달아놓고 고문하는 일제 강점기 습관을 버리지 못하고 제주도에서 이런 만행을 저질렀다. 임산부의 겨드랑이에 밧줄을 묶어 팽나무에 매달아놓은 후 경찰 3명이 총에 대검을 꽂아 찔러 죽이기도 했다.

다음은 서북청년단 출신 경찰관인 삼양지서 정용철 주임에 대한 주민 고봉수 씨의 증언이다.

"하루는 지서에 갔더니 남편이 입산했다는 이유로 젊은 여자 한 명이 끌려와 있었다. 그런데 정 주임은 총구를 난로 속에 넣고 있었다. 그러고는 여자를 홀딱 벗겼다. 임신한 상태라 배와 가슴이 나와 있었다. 정 주임은 시뻘겋게 달군 총구를 그녀의 몸 아래 속으로 찔러 넣었다. 차마 눈 뜨고 볼 수 없는 광경이었다. 정 주임은 그 짓을 하다가 지서 옆 밭에서 여자의 머리에 휘발유를 뿌려 태워 죽였다. 우리에게 시신 위로 흙을 덮으라고 했는데 아직 덜 죽어 있던 상태라 흙이 들썩들썩 했다."

희생된 여인 김진옥(당시 21세)은 산으로 피신했던 김태생의 아내였다고 한다. 김태생은 이날 아내와 부모를 잃었고 이튿날에는 처조부를 잃었다. 다시 며칠 후에는 장모와 처제가 살해되었다. 그런 김태생이 나중에 한국전쟁에 참전해 공산군에 맞서 싸웠다고 하니 참으로 기막힌 사연이다.

2003년 5월 〈신동아〉가 보도한 제주 4·3사건 진상 조사 보고서를 읽으면서, 여러 번 눈을 의심하지 않을 수 없었다. 이미 현기영의 소설 ≪순이 삼촌≫, ≪지상에 숟가락 하나≫, 어렵게 구해 읽었던 재일동포 작가 김석범의 ≪까마귀의 죽음≫등을 통해 어느 정도 내용을 알고는 있었으나 늘 '과장이 있으리라' 생각하고 있었다. 그러나 공식적으로 확인된 사실들은 소설의 내용이 전혀 과장이 아니었음을 증명하고 있다. 20년 전 같았으면 '북한에서 나온 조작된 선전 자료'라고 안기부에서 발표해도 우리가 충분히 믿었을 만한 내용들이었다.

제주 4·3 사건은 국가권력의 조직적인 개입이 있었기에 가능한 일이었다. 법이 제대로만 작동했더라면 절대로 있을 수 없는 사건이었다. 이런 사건들에는 늘 엉터리 재판이나 국가 권력의 무조건적 정당화를 통해 이를 묵인한 법률가들이 끼어 있었음을 잊어서는 안 된다. 국가의 괴물화를 막아야 할 법률가들이 오히려 괴물이 된 국가권력의 손발이 되어 인간의 존엄성을 유린한 사례는 세계 어디에서나 찾아볼 수 있다. 그러나 국가가 제정신을 되찾은 후에도, 괴물의 수족이 되었던 법률가들이 우리나라처럼 떳떳하게 잘살고 있는 사례를 찾기란 쉽지 않다.

출처: 김두식, 『불편해도 괜찮아』

〈고령화 가족〉(감독 송해성, 2013)

담벼락의 들꽃이
아름다운 이유

'가족'이라는 신화

　한국사회에는 혈연중심 가족주의가 공고하게 자리 잡고 있다. '피는 물보다 진하다'는 오래된 선언과 함께 가족은 '울타리'이자 '버팀목'이며 끈끈한 관계로 연결되어 있는 것으로 간주되어왔다. 때문에 가정은 반드시 지켜져야 하는 신성불가침의 영역이 되었다. 이러한 가족의 신화는 각종 미디어에서도 줄곧 변주되어 재생산된다. 혈연 중심 가족에 대한 신화는 한편 매우 위험하다. '핏줄'로 연결된 관계는 태어나면서부터 주어진다. 자신의 선택이 아님에도 '천륜'이라는 엄청난 단어는 다양한 양상으로 억압이 되어 다가온다. 아동 학대는 '핏줄'과 '천륜'의 외피를 입은 친부모에게서 가장 많이 발생한다. '핏줄'로 연결된 아이를 자신의 소유로 생각하며 자신의 욕망을 투사하여 대리 만족 하려고 하거나 자식을 자신이 마음대로 해도 된다고 생각하는 부모가 여전히 많다. 가정 폭력은 '집안일'로 치부되어 길거리 범죄와 달리 즉각적인 신고와 처벌이 잘 이루어지지 않는 경우가 많다. 또한 가정은 각종 차별과 편견과 위계질서를 가장 먼저 가장 지속적으로 학습하는 곳이기도 하다. 한국사회에서 '핏줄이 당긴다'는 원초적인 발언 아래 입양에 대한 소극적인 태도와 배타성, 부계혈통을 잇기 위한 남아선호는 오래 전 이야기가 아니다. '스위트 홈'으로 포장된 가족은 정서적 물질적 보호막이기도 하지만 한편 상처의 근원이다. 아버지가 가부장으로서 존재하며 제도권 내에서의 혼인과 혈연으로 이루어진 '정상' 가족들이 사실상 얼마나 위태로운 균열을 애써 봉합하며 살고 있는지 그 불편한 진실을 우리는 애써 외면해왔다.

불편한 진실들에 침묵하면서 각종 매체에서 가족에 대한 신화를 반복적으로 재생산하는 이유는 국가가 해야 할 일들 중 많은 부분이 아직까지도 가정에 일임되고 있기 때문이다. 즉 국가가 감당해야 할 사회복지비용을 가족 내, 특히 어머니를 위시한 여성들의 무보수 돌봄 노동을 통해 대체하면서 이를 복지정책의 미비라고 말하지 않고 가족주의 신화와 모성 신화로 포장하는 것이다. 영화 〈말아톤〉(감독 정윤철, 2005)에서 장애인에 대한 부실한 복지정책은 표면에 드러나지 않는다. 장애를 가진 아들을 헌신적으로 보살피는 어머니의 극진한 모성애와 그 모성애로 인해 장애와 역경을 딛고 마라톤을 완주하게 된 장애인의 성공스토리를 통해 관객의 눈물샘을 자극하며 가족주의 신화와 모성 신화를 한층 공고하게 다진다. 영화 〈마더〉(감독 봉준호, 2009)에서는 공권력의 무능과 안일함 속에서 아들을 지키기 위해 분투하는 처절한 모성이 그로테스크하게 형상화 되며, 영화 〈괴물〉(감독 봉준호, 2006)에서도 공권력의 부패와 무능으로 인해 스스로를 지켜야 하는 가족의 사투가 블랙 코미디의 장르적 관습 안에서 펼쳐진다. 〈괴물〉의 독특한 점은 모성이 아닌 부성이 전면에 등장하며 혈연이 아닌 사람까지 가족으로 수용하게 된다는 것이다. 딸을 구하기 위한 아버지의 처절한 노력이 딸의 생명을 구하지는 못했지만 그 와중에서 만나게 된 고아소년에게 밥을 먹이며 자신의 아이처럼 키우게 된다. 즉 돌봄의 정서와 돌봄 노동이 아버지와 비혈연 아이에게까지 확장된 것이 영화 〈괴물〉의 가족서사이다. 기존 미디어에서 형상화 한 가족의 이야기와 가장 다른 양상을 띤 영화는 〈가족의 탄생〉이다. 〈가족의 탄생〉(2006, 감독 김태용)에서는 '핏줄'에 집착하지 않는다. 오히려 '핏줄'로 맺어진 관계가 서로에게 얼마나 폭력적일 수 있는지를 보여준다. 〈가족의 탄생〉에서는 핏줄인 친부모로부터 버려진 아이를 애정과 배려로 키워낸 두 '엄마들'의 이야기를 통해 기존의 부계혈통중심 가족을 해체하고 함께 나눈 시간만큼의 사연과 애정으로 더 굳건하게 뭉쳐진 새로운 가족의 탄생을 탁월한 상상력으로 묘사했다. 이 새로운 가족을 가능하게 한 동인(動因)은 돌봄과 배려의 '여성성'이지만 돌봄과 배려의 '여성성'을 생물학적인 여성에게만 부과한 것은 이 영화의 한계라고 할 수 있다. 이제 '가정의 달'이라는 전통적인 명칭을 가지고 있는 이 5월에 다소 특이한 가족 이야기가 관객과 만난다.

변주된 모성 신화

5월은 우리 각자에게 각기 다른 의미로 다가온다. 많은 기념일들이 줄지어 있지만, 5월을 지시하는 가장 전통적인 명칭은 '가정의 달'이다. 5월에는 가족의 이야기를 다룬 영화도 많이 개봉된다. 2013년 5월에 개봉된 가족이야기, 〈고령화 가족〉에서 내세울 것도 잘난 것도 없는 가족들이 만만치 않은 세상과 부딪쳐 깨지고 집 안에서도 서로를 물어뜯는다. 결함 많은 가족구성원들이 갈등 속에서도 가족을 통해 힘을 얻고 결국 화해하는 스토리 라인은 이전에도 많이 있어왔다. '고령화 가족'은 가족 간의 갈등과 화해를 다룬 이전 영화들과 유사점도 공유하지만 다른 지향점으로

인정받지 못하는 영화감독인 마흔 살 아들의 밥 먹는 모습을
흐뭇하게 바라보는 엄마

향한다. 장애인 자녀를 둔 어머니의 고단한 삶과 자식에 대한 사랑, 역경
과 극복을 다룬 〈말아톤〉과도 완전히 다른 분위기이고, 괴물과 대항하기
에는 역부족인 것 같은 가족들의 사투가 전개되는 〈괴물〉과도 다르다. 아
들에 대한 강한 집착을 가진 엄마의 광기어린 모습을 그린 영화 〈마더〉와
도 다르다. 〈고령화 가족〉은, 가족의 해체와 새로운 가족의 의미를 유쾌
하게 형상화 한 영화 〈가족의 탄생〉과 비교될 수 있다.

우선 〈고령화 가족〉에서 '가족'은 혈연중심주의에서 비껴간다. 큰아
들 한모는 엄마와 혈연관계가 아니다. 또한 동생들인 인모와 미연과도 혈
연관계가 아니다. 인모와 미연은 아버지가 다른 남매이다. 즉 반쪽의 핏
줄만 연결되어 있다. 하지만 중요한 것은 DNA 나선 구조의 공유가 아니

가장 원초적이고 끈끈한 가족의 원형, 밥상을 함께 하는 식구(食口)

라 함께 밥상을 나누며 쌓아 온 기억들이다. 영화 〈가족의 탄생〉에서는 서로 혈연관계가 아닌 세 여자가 가족을 이루며 친밀한 밥상을 나누지만 〈고령화 가족〉에서는 30대와 40대인 세 남매가 밥상 앞에서조차 싸운다. 〈가족의 탄생〉에서 비혈연가족을 지탱한 것이 정(情)이었다면, 〈고령화 가족〉에서 서로를 잡아먹지 못해 안달인 남매들을 뭉치게 한 것은, 그들 중 누구라도 곤경에 처하면 몸을 사리지 않고 나서는 의리였다. 여성성이 압도적으로 우세했던 〈가족의 탄생〉에 비해 〈고령화 가족〉은 남성성의 색채도 강하지만 결국 모성에 의지한다. 그런데 이 모성은 모계사회의 모성이라기보다는 가부장제를 지탱했던 모성 쪽에 더 가깝다. 즉 엄마의 희생을 당연한 것으로 암묵적으로 강요하는 모성신화가 전제되어 있다. 마흔 살이 넘어서도 엄마에게 기대어 살아가는 아들들과 두 번 이혼하고 돌아온 딸을 거두고 먹이는 모성이 밥상에서 재현되고, 자식들에게 엄마는

'엄마'로서만 존재해야 한다.

그런데 기존 모성신화에서 살짝 일탈하는 지점이 보인다. 엄마 역시 여자이고 인간이라는 메시지이다. 〈가족의 탄생〉에서 선경의 엄마가 드러내놓고 사랑을 원하는 로맨티스트라면 〈고령화 가족〉의 엄마는 미연의 생부와 몰래 만나는 정도의 차이가 있다. 엄마 역시 여자이고 인간이라는 선언은, 영화의 후반부에서 조직폭력배들에게 처참하게 구타당한 인모가 역설한 '인간의 존엄성'과 연결된다. 인모는, 최소한의 존엄성을 지킬 수 있도록 제도를 발전시켜 온 인간이라는 존재의 존엄성에 대해 거창하게 말했지만, 이는 결국 어떠한 인간도 수단으로 취급될 수 없는 개별적이고 소중한 존재임을 의미한다. 빼앗긴 돈을 위해 인모의 목숨이 거래수단이 되어서는 안 되며 포주의 수입을 위해 미연의 가출한 딸을 비롯한 소녀들의 인권이 유린되어서는 안 된다. 엄마는 밥상을 차려주지만 엄마가 밥인 것은 아니다. 〈고령화 가족〉에서 엄마를 상징하는 메타포는 '담벼락에 핀 들꽃'이다. 엄마는 담벼락에 핀 들꽃을 바라보며 예쁘다고 말하고 자신과 들꽃과의 유사성도 발견한다. 그것은 사람들의 눈에 띄지 않는 곳에서, 자신의 존재를 소리 내어 말하지 않아도 그 자리에 늘 버티고 있는 생명력과, 섬세하고 따뜻한 마음을 가진 사람에게 보이는 아름다움이다.

잘 손질된 정원에 피어 있는 화려한 장미도 아름답지만 담벼락에 핀 들꽃도 아름답다. 거친 자갈밭 같은 가정의 중심에 서 있는 엄마는 신산한 삶을 살아왔지만 들꽃 같은 미소로 자식들을 대하며 여자로서의 정체성도 들꽃처럼 수줍게 고백한다. 가족은 누군가에게는 영원한 고향이지만 누군가에게는 상처의 근원이다. 혈연중심은 필연적으로 배타성을 내포한다. 혈연중심이 아닌 공동체중심을 지향하며 각자 인간으로서의 존엄성을 위해 나름의 사투를 벌이는 가족들의 에피소드가 관객들에게 눈물이 아닌 웃음으로 다가오는 〈고령화 가족〉은, 가족이 해체되고 있는 현시점에서 가족의 의미를 다른 각도에서 생각하게 한다.

〈훌라 걸스〉(감독 이상일, 2006)

춤추는 소녀들이
사랑에 빠지는 순간

군무(群舞)의 미학

전 세계적으로 K-POP 열풍을 불러일으킨 아이돌 그룹의 무대를 보면 그들의 강점은 노래보다 춤에 있다는 것을 알게 된다. 그들은 들려주는 매체가 아닌 보여주는 매체에 적합하게 구성되었다. 쉽고 간결한 가사의 반복이나 단순한 멜로디의 반복도 중독적인 매력이 있지만, 관객에게 강렬하게 다가오는 것은 역시 춤, 특히 군무(群舞)이다.

춤은 관념을 행동으로 번역한다. 감정을 몸짓으로 표현한다. 비언어적 퍼포먼스이므로 언어에 한정되지 않는 잉여의 의미를 발생시킨다. 통역도 번역도 필요 없다. 춤을 추는 순간 무용수의 몸 자체가 춤이 되고 행위가 되고 메시지가 된다. 독무(獨舞)는 무용수의 재능과 실력에 의지하지만 군무는 신뢰와 협력에 의지한다. 어느 한 사람이 조금이라도 빠르거나 느리면 금방 눈에 거슬리는 것이 군무이다. 군무가 가지는 조화와 연대의 상징적 의미를 감동적으로 형상화 한 영화가 이상일 감독의 〈훌라 걸스〉이다. 재일교포 3세대인 이상일 감독은 이 영화로 일본아카데미상 작품상과 감독상 등 11개 부문을 휩쓸었다.

처음으로 가져 본 꿈, 꿈 꿀 수조차 없는 사람들

〈홀라걸스〉는 실화를 바탕으로 만들어졌으며 춤추는 소녀들에 관한 이야기다. 그들은 아이돌 스타를 꿈 꾼 것은 아니었다. 석탄의 수요가 줄어들면서 탄광들이 폐광되기 시작한 1960년대 중반 일본 후쿠시마 현 탄광촌에서, 광부의 딸들로 태어나 광부의 아내가 되고 선탄장에서 일하는 운명이 예정된 소녀들이었다. 봉건적이고 보수적이며 남성성이 강한 탄광촌에서 소녀들은 다른 삶이 있다는 것도 알지 못하고 꿈을 가질 수도 없었다. 그들에게는 선택의 여지가 없다. 광산에서 일하는 것에 긍지를 가질 수는 있지만 자신의 선택에 의한 삶은 아니다. 그저 주어진 삶인 것이다. 다른 삶을 알지 못하는 그들에게 석탄산업의 쇠퇴와 그로 인한 폐광 결정은 그들의 삶 자체를 뿌리째 흔들리게 하는 것이며 정리해고는 그들의 생존 자체를 위협한다.

변화하는 시대에 대응하는 사람들의 양상은 두 가지로 대별된다. 시대를 탓하고 변화를 막으려 애쓰거나 변화에 적응하고 그 변화를 새로운 기회로 만들려 한다. 광부의 아내가 되어 선탄장에서 일하는 운명이 예정되었던 소녀들은 새로운 꿈을 꾸게 된다. 폐광으로 인해 타격을 입은 지역 경제를 되살리기 위해 하와이언 리조트를 만들고 광부의 딸들로 하여금 훌라 댄서로 무대에 서게 하는 프로젝트에 함께 하게 된 것이다. 소녀들 중에는 손톱에 낀 석탄찌꺼기가 지워지지 않는 삶에서 벗어나고자 프로 댄서를 꿈꾸는 소녀도 있었지만 가족의 생계를 위해서 합류하기로 결심한 소녀도 있었다. 어쨌거나 그들로서는 처음으로 가져보는 꿈이며 선택이다. 처음 모인 그들은 아름답고 멋진 댄서의 모습과는 거리가 멀었다. 도쿄에서 초빙되어 온 마도카 선생(마츠유키 야스코)은 소녀들을 보며 평생 무리일 거라고 말한다.

훌라댄스를 배우기 시작한 소녀들과 마도카 선생

　완고한 어른들의 저항도 만만치 않았다. 배타적인 탄광촌 사람들은 타지에서 온 마도카 선생을 백안시 한다. 폐광과 정리해고를 인정할 수 없는 사람들은 대체산업으로 온천 리조트를 만드는 것에 반대하며 딸들이 훌라 댄서가 되는 것도 반대한다. 기미코(아오이 유)의 어머니는 기어이 훌라 댄서가 되겠다는 기미코를 집에서 쫓아낸다. 훌라춤을 '벌거벗고 몸 흔드는 춤'이라고 매도하기까지 한다. 댄서가 되고자 하는 열망을 가장 강하게 가졌던 사나에(토쿠나가 에리)는 훌라 댄서의 복장을 하고 동생들 앞에서 행복해한다. 하지만 정리해고를 당하고 집으로 돌아온 아버지에 의해 폭행당하고 머리카락까지 잘린다. 해고에 대한 분노와 좌절감을 고스란히 딸의 몸에 폭력으로 각인시킨 아버지는 보수적이며 가부장적인 탄광촌의 남성성의 민낯을 적나라하게 보여준다. 그에게 딸은 자신만의 생각과 꿈을 가질 수 있는 독립된 개인이 아니다. 착한 사나에는 해

훌라 댄스를 배우기 위해 처음 모인 세 명의 소녀와 한 명의 여인

고당한 아버지의 심경을 이해하듯 두둔하지만 사나에의 잘린 머리와 얼굴의 상처를 본 마도카 선생은 남자 목욕탕까지 찾아가서 사나에의 아버지에게 거칠게 항변한다. 하지만 결국 사나에는 자신의 꿈을 포기해야 했다. 아버지가 광산이 폐광되지 않은 유바리 지역으로 이사를 결정하고 어머니 없이 어린 동생들을 돌봐야 하는 사나에는 운명처럼 자신의 짐을 받아들인다. 떠나는 길에 마도카 선생에게 춤을 배우는 시간이 자신의 인생에서 가장 행복한 순간이었다고 말하는 모습은 선생님과 친구들 그리고 관객까지 먹먹하게 만든다.

'훌라걸스'는 성장의 서사이고 꿈의 소중함에 대한 이야기이며 이해와 소통이 바탕이 되어 가능한 연대의 의미를 전한다. 그 매개체는 춤이다. 기미코는 마도카 선생의 춤을 본 후에 변화의 가능성을 꿈꾸게 되었다. 기미코의 엄마는 광산의 여자가 가야 할 길은 하나밖에 없다고 생각했으나 기미코의 춤을 보고 난 후에 그들의 꿈을 지지하게 된다. 여전히 완고한 탄광 사람들에게, 지금까지 직업이란 건 캄캄한 동굴 안에서 이

악물고 목숨을 걸고 하는 거라고 생각했지만 춤추고 사람들에게 즐거움을 주는 직업이 있어도 괜찮지 않냐고 반문하며 저 아이들이라면 모두 웃으면서 일할 수 있는 새로운 시대를 만들지 모른다고 설득하는 장면은 많은 의미를 함축한다. 탄광에서 일하는 일이 가치 없다는 것이 아니라 다른 삶도 있다는 것을 알게 되고 선택을 할 수 있으며 꿈 꿀 수 있다는 것이 중요하다. 더불어 시대의 변화에 적극적으로 대처할 수 있다는 것이 의미 있다.

이방인과 현지인, 연대의 의미

소녀들에게 마음을 연 마도카 선생은 훌라춤의 손짓 하나하나가 수화처럼 의미를 담고 있음을 말한다. 마도카 선생이, 타지인에게 배타적이고 보수적인 광산촌에서 떠나야 했을 때 기차역에 모인 소녀들은 훌라춤의 손짓으로 사랑의 메시지를 전달한다. 결국 마도카 선생은 기차에서 내려 그들과 함께 한다. 현지인과 외부인, 나와 타자의 구별이 무화(無化)되는 순간이다. 처음에는 빚 청산을 위해 돈을 벌려고 시골까지 오게 된 자신과 가능성 없어 보이는 소녀들에게 냉소적이었던 마도카 선생은 소녀들의 성장과 함께 스스로도 성장한다. 꿈을 향한 소녀들의 열정에 스스로도 감화되며 공감과 배려의 연대를 체험한 것이다. 엔딩 크레디트에서 소개되듯이 실존인물인 마도카 선생은 70세를 넘긴 나이까지 후쿠시마에서 훌라걸스를 양성했다. 영화가 만들어질 때까지 무대에 선 훌라걸스는 300명이 넘었으며, 영화가 만들어진 후인 2011년 지진의 여파로 후쿠시마에서 원전사고가 났을 때도 지역을 살리기 위해서 다시 훌라걸스를 모집했다.

하와이언 센터 개장 공연에서 춤을 추는 단원들

　'훌라걸스'의 압권은 역시 공연장면이다. 영화의 관객은, 소녀들이 처음에는 평범하고 둔했다는 것을 알고 있다. 그들이 함께 눈물과 땀을 흘렸던 사연도 알고 있다. 그런 그들이 하와이언 센터의 개장 공연에서 일사불란하고 역동적인 군무를 펼치는 것을 보면서 감동하지 않을 수 없다. 공연장의 관객들은 자신들의 딸들과 누이들이 마치 한 사람처럼 완벽한 군무를 수행하는 광경에 저마다의 사연을 가지고 뜨거운 박수를 보낸다. 군무가 끝난 후 카메라는 소녀들 하나하나를 차례로 조명한다. 작은 꽃송이들이 모여 하나의 큰 꽃을 이루는 모자이크 같은 화면구성이다.

　군무 역시 모자이크의 미학을 가지고 있다. 한 조각 한 조각이 개체의 아름다움을 유지하면서 전체의 아름다움을 만든다. 그렇게 되기까지는 함께 호흡을 맞춰 노력하는 시간들이 필요하다. 한 사람이 틀리면 전체가 망가진다. 함께 한 순간만큼 완벽한 동작이 재현될 때 나의 신체가 춤이

영화로 쓰는 러브레터

마도카 선생이 마을을 떠날 때 소녀들이 달려와
수화의 의미가 담겨 있는 훌라댄스 손동작으로 사랑의 마음을 전하고
마도카 선생은 결국 기차에서 내려서 그들과 함께 한다.

되고 음악이 되며 이야기가 된다. 또한 나와 타자가 일치되는 물아일체와
몰입의 경지에 이를 수 있다. 그때 옆에 있는 사람을 저절로 사랑하게 된
다. 팀워크로써만 성취할 수 있는 것이 있다. 이것이 군무의 미학이고 연
대의 의미이다.

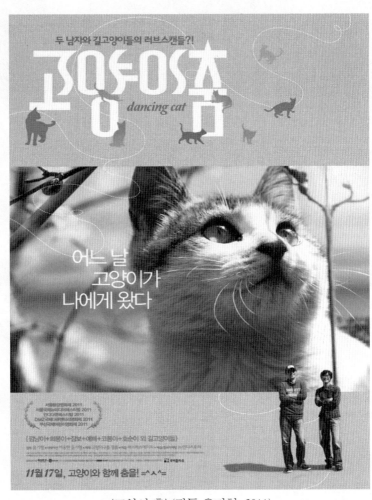

〈고양이 춤〉(감독 윤기형, 2011)

길 위의 고양이,
그냥 놔두세요

거리의 생명이 살기 힘든 곳, 대한민국

"국가의 위대함과 도덕적 수준은 그 나라에서 동물이 어떠한 취급을 받는가에 따라 판단할 수 있다." 다큐멘터리 영화 〈고양이 춤〉첫 화면에 자막으로 제시된 마하트마 간디(Mahatma Gandhi)의 말이다. 우리의 위대함과 도덕적 수준은 어느 정도일까?

〈고양이 춤〉의 주인공은 길고양이들이다. 따라서 그들에게는 대사가 없다. 그들의 풍부한 표정과 움직임을 인간의 언어로 들려주는 두 명의 화자가 등장한다. 윤기형 감독과 『안녕, 고양이는 고마웠어요』의 저자 이용한 시인이다. 두 사람의 카메라에 담긴 길고양이들의 삶은 혹독하다. 땅을 소유의 개념으로 생각하고 다른 생명체들을 죽일 수 있는 권리가 있다고 생각하며 나아가 자연을 정복의 대상으로 생각하는 인간들이 점령한 곳에서 힘겹게 생존을 이어가기 때문이다.

길고양이들이 느긋하고 여유만만한 일본이나 대만과 달리, 공원 벤치에서 길고양이들이 거리낌 없이 사람의 무릎에까지 올라오는 유럽과 달리, 한국의 길고양이들은 대부분 인간을 마주하게 되면 도망가기에 바쁘다. 인간에게 해코지 당한 경험이 있는 것이며 따라서 그들에게 인간은 위협적인 존재이다. 실제로 집고양이의 평균 수명은 15년 정도지만, 길고

담벼락에 기댄 길고양이. 생존 자체를 이어가기에도 혹독한 환경 속에서
꿈을 꾸는 듯. 먼 곳을 바라보는 듯 눈빛이 아련하고 골똘하다.

양이의 평균 수명은 3년 정도이며 그나마 절반 이상은 생후 3개월을 넘기
지 못한다고 한다. 차에 치어 죽고, 가학적 취미를 가진 인간에게 학대당
해서 죽고, 제대로 먹지 못해서 죽기도 한다. 길고양이들을 카메라 앵글
에 담아온 사진작가 김하연씨는 "길고양이가 사람을 피해 다니고, 일부
사람들의 따가운 시선 때문에 밤에만 사료를 주는 데는 우리나라밖에 없
다"고 말한다. 성격 급한 우리의 운전습관으로 인해 로드 킬도 많다. 게다
가 우리는 세계적인 수준의 도로를 가지고 있지만 야생동물 이동 통로를

은행나무 아래에서 나뭇잎과 하늘을 올려다보는 길고양이(사진 이용한)

만드는 데에는 무척 인색하다. 원래 그들의 영역이었던 곳을 당연히 인간의 땅이라고 여긴다. 식민지를 점령한 제국의 군대가 원주민들의 땅을 아무렇지 않게 빼앗았듯이 말이다.

생명을 살리는 사람들, 생명을 죽이는 사람들

지난 5월 말, 강동구에 길고양이 급식소가 설치되었다는 뉴스를 접했다. 길고양이들이 쓰레기봉투를 뜯어 놓는 것에 대한 민원이 급증하자 강동구청에서 내놓은 대안은 놀랍게도 길고양이들을 '처치' 하는 것이 아니라, 그들이 쓰레기봉투를 뒤지지 않아도 되도록 그들에게 먹을 것을 주는 것이었다. 이는 길고양이들에게 자발적으로 사료를 주어왔던 '캣 맘cat mom'들과 만화가 강풀의 제안이었다고 한다. 캣 맘/캣 대디들은 연민과

먹을 것이 없어서 버려진 김치를 먹는 길고양이(사진 이용한)

안쓰러움에서 길고양이들에게 밥을 주기 시작하지만 이내 인간이 갖지
못한 그들의 매력과 미묘함에 매료당한다. 인간의 언어를 갖지 못한 동물들
과 오히려 더 잘 소통한다.

하지만 여전히 길고양이들을 학대하는 뉴스도 계속해서 들려온다. 자
신이 기르는 개를 이용해 길고양이를 잔인하게 공격하고 그 동영상을 페
이스북에 올린 한 남성에 관한 뉴스는 무척 충격적이었다. 고대 로마의
원형경기장에서 굶주린 맹수와 노예검투사의 피 흘리는 싸움을 보며 환
호했던 인간의 가학적 취미가 문명국가에서는 동물학대로 이어진 것인
가. 동물을 학대한다면 그것을 문명이라고 할 수 있는가. 동물을 학대하
는 인간은 과연 만물의 영장인가?

서울의 한 아파트에서 일부 주민들이 지하실에 새끼 고양이들을 가두
고 문을 잠가 버려서 어미 고양이는 문 밖에서 울고 새끼들은 안에서 굶

주리게 놔둔 사건도 인간의 냉혹함과 이기심을 보여준다. 이 사건을 시인 황인숙은 다음과 같이 시로 남겼다.

> "지난겨울 당신이 주동이 돼/ 지하실 문을 잠갔다/ 고양이들이 굶어 죽으라고/ 바깥에 나간 새 생이별을 한 어미고양이들이/ 그 안에 든 새끼고양이들과 좁은 창살을 사이에 두고/ 처절하게 울부짖는 소리를/ 당신들은 흡족해하며 들었다"
>
> (「당신의 지하실」 중에서)

〈고양이 춤〉에서도 길고양이들에게 위해를 가하는 사람들이 등장한다. 길고양이들을 학대하거나 심지어 죽이려는 시도까지 하는 사람들에게는 길고양이들이 인간과 동등한 생명체가 아니다. 인간보다 힘없는 약자이다. 제국주의 시절, 식민지인들의 땅을 빼앗고 그들을 격리수용하며 착취했던 정복자들에게 원주민들은 그들보다 미개하며 열등하고 힘없는 약자였다. 우리가 우리보다 약한 누군가의 생명과 존엄성을 짓밟으면서 우리보다 강한 누군가가 우리의 생명과 존엄성을 짓밟으려 할 때 우리는 무슨 말을 할 수 있을까? 앞서 소개한 간디의 언술 역시 약육강식의 제국주의적 사고방식에 대한 비판을 내포한다.

〈고양이 춤〉의 길고양이들은 '제발 우리를 그냥 놔두세요.' 라고 호소한다. 길고양이들에게 돌을 던져야 할 이유가 있을까? 누군가는 말한다. 고양이를 좋아하는 취향이 있듯이 고양이를 싫어하는 취향도 존중해야 한다고. 인간과 똑같이 배고프고 목마르고, 아픈 것이 싫고 죽는 것이 두려우며 사랑받고 싶어 하는 생명체를 이기심에서 혹은 재미로 학대하는 것이 존중받아야 할 '취향'일까? 길고양이들 때문에 불편을 호소하는 사람들도 있다. 발정기의 길고양이 소리가 귀에 거슬린다고 말한다. 갑자기

사람을 피해 차 밑에 숨은 길고양이

뛰어나와서 놀랐다고 말하기도 한다. 그냥 싫다고 말하는 사람도 있다. 그들은 캣 맘/캣 대디에게 고양이 밥을 주지 말라고 말한다. 하지만 캣 맘/캣 대디는 다음과 같이 말한다. "당신은 잠시 불편할 뿐이지만, 고양이들에게는 생존이 걸린 문제이다. 그래서 이 일을 그만둘 수 없다."

정글의 법칙 안에서는 누구도 안전하지 않다

2002년 독일은 헌법에 '동물권'을 명시했다. 우리나라에서도 '동물보호법'을 강화해야 한다는 목소리들이 들리고 있다. 반면 동물을 인간의 먹이로만 생각하는 사람들도 있다. 동물이 실험실의 실험대상이 되는 것에 아무 문제의식이 없는 이들도 있다. 동물의 가죽을 벗기고 털을 뽑을 때에도 속도와 편의와 이익만을 생각한다. 수백 마리의 닭과 오리들을 살

처분하면서도 인간을 위해 사육되다가 생매장 당하는 그들에 대한 안타까움보다는 금전적 손실만 가슴 아파한다. 심지어 가족 같은 반려동물조차 우리의 현행법에서는 '재산'으로 치부된다. 이를 자연의 섭리라고 말하는 사람도 있다. 약자가 강자에게 먹히는 정글의 법칙을 당연시하는 것이다. 하지만 정글의 법칙 안에서는 인간도 안전하지 않다. 인간세계 안에서 정글의 법칙은 자연 상태에서 정글의 법칙보다 더 치명적이다. 자연 상태에서 포식자는 배가 고플 때만 다른 생명을 먹지만 인간의 과욕은 필요이상으로 죽이고 생태계를 파괴한다. 자신보다 약한 동물에게 폭력을 행사하는 사람은 자신보다 약한 사람에게도 폭력을 행사한다. 동물학대가 처벌받지 않는다면 그 사회에서는 상식도 연민도 자리할 수 없다. 길고양이들에게 위험한 도로는 아이들에게도 위험하다.

〈고양이 춤〉에서 가장 인상적인 장면은 길고양이의 출산 장면이다. 골목길 화단 흙바닥 위에 두 마리의 고양이가 있다. 수컷 고양이는 암컷 고양이의 배를 꾹꾹 누르며 출산을 돕는다. 잠시 후 태어난 아기들은 눈도 못 뜬 상태에서 본능적으로 엄마의 젖을 찾아 매달린다. 감독의 내레이션처럼 경이로운 장면이었다. 이제 그 아기들도 길에서 살아가야 한다. 길 위의 고양이들을 따라 가던 카메라는 시선을 돌려 길 위의 사람들을 따라 간다. 삭막하고 냉정한 도시에서 힘겹게 생존해 가야 하는 우리도 길고양이들과 다르지 않다. 길고양이들이 인간의 손길에 의지해 살아가듯이 우리도 다른 사람들의 친절에 의지해서 살아간다. 어떤 생명도 단독으로 생존할 수 없다.

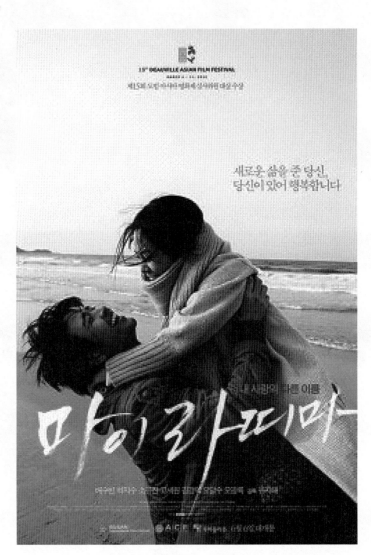

〈마이 라띠마〉(감독 유지태, 2012)

다문화의 그늘,
음지에서 사는 사람들

순혈주의와 민족주의, 이방인과 타자화

'다문화'라는 말을 들으면 결혼이주여성과 외국인노동자라는 가치중립적 용어 뒤에 거대한 심연이 블랙홀처럼 펼쳐짐을 느끼게 된다. 그 심연 안에는 코리안 드림, 제노포비아xenophobia, 순혈주의와 민족주의, 인종차별 등과 같은 개념들이 여러 구체적인 사연들을 안은 채 웅크리고 있다. 구체적인 사연들 속에는 매매혼을 통해 한국으로 시집 온 열아홉 살 베트남 여성이 남편의 구타로 사망한 사례도 있고, 비례대표 국회의원이 되었으나 악성 댓글에 시달려야 했던 필리핀 출신 여성도 있다. 열악한 노동환경 속에서 일했지만 임금을 받지 못한 외국인노동자들이 불법체류자라는 약점 때문에 자신이 일한 대가를 요구할 수도 없는 사연도 있다. 또한 잠재적 범죄자 취급을 받는 이들도 있다. 결국 그들은 희생자화되거나 위험인물로서 포비아의 대상이 된다. 좀 더 온건하게는 한국의 사회 문화 속에서 융화되어야 할 대상이 된다. 그 모든 것이 '타자화'이다. 한국여성들과 결혼할 수 없는 하위계층 한국남성들의 결혼상대자가 되어서 성적 대상이 되고 출산율을 높이는 데 일조하고 농사일과 집안일을 하면서도 불평할 수 없는 여성이든, 한국인들이 기피하는 3D 직종에서 박한 임금과 장시간 노동에 시달리는 남성이든 그들은 '타자화' 된다. 정당한 대우를 요구하더라도 '너희 나라로 돌아가라'는 말 한 마디면 모든 것이 끝나는 것이다.

타자화의 근원에는 순수혈통주의와 민족주의가 있다. 결혼이주여성이나 외국인노동자들이 많아지기 이전, 불과 20~30년 전까지만 해도, 우리는 '단일민족'임을 내세웠다. '혼혈'은 따가운 시선을 받는 존재였다. 그 속에는 맹목적인 증오와 배타의 심리가 내재되어 있다. 라캉의 언술대로 "모든 순수를 향한 열망이 근본적으로 파시즘"이라면 이를 가장 잘 보여주는 것이 순수혈통주의이다. 파시즘적 순수혈통주의와 그에 대한 자긍심은 홀로코스트라는 야만의 역사로 연결되었다. 민족주의 역시, 어떤 정치적 수사를 붙이더라도 강한 배타성을 전제로 한다. 고종석은 민족주의를 "깨끗한 피에 대한 강박과 땅에 대한 탐욕을 이용한 집단 최면"이라고 말한다. 결혼이주여성과 외국인노동자들의 수가 점점 많아지면서 한편에서는 그들의 인권을 이야기하는 목소리가 높아져 갔지만 다른 한편에서는 제노포비아의 정서 역시 강화되어갔다. 이에 따라 어떤 식으로든 현재의 사회와 문화를 투사할 수밖에 없는 영화에서도 그들의 이야기가 비중 있게 다뤄지기 시작했다. 대부분 우리의 편견과 차별로 인해 그들이 겪어야 하는 고통과 억울함에 초점을 맞추고 있다.

왕비가 되지 못한 효녀 심청, 마이 라띠마

2013년 제15회 도빌 아시아영화제에서 개막작으로 초청되고 심사위원상까지 수상한 영화 〈마이 라띠마〉는 배우 유지태가 감독이 되어 만든 첫 장편영화이다. 이 영화에서는 결혼이주민인 태국 여성, 마이 라띠마(박지수)와 가진 것이라고는 몸밖에 없는 하위계층 한국인 남성, 수영(배수빈)의 사랑과 배반과 생존의 서사가 쓸쓸하고 몽환적이면서도 현실적으로 펼쳐진다. 마이의 한국인 남편은 지적장애인이다. 마이는 남편에 대한 정확한 정보를 접하지 못한 채 가난한 친정으로 매달 50만원을 보내준다는 약속을 믿고 매매혼과 다를 바 없는 결혼을 했다. 마이는 남편과 전혀 대화도 교감도 할 수 없는 상태이며, 영세한 공장을 운영하는 시집에서 노동력을 착취당하고 남편의 형이기도 한 사장의 성추행에 시달린다.

동남아 출신 결혼이주여성들은 가족의 가난과 국가의 빈곤에 의한 희생양이다. 빈곤국의 가난한 집안 출신으로서 가족의 빚을 해결하거나 가족의 생계에 보탬이 되고자 그들보다 훨씬 잘 사는 나라의 가난하고 나이 많은 남성과 결혼하는 것이다. 제대로 된 정보를 제공받지 못한 상태에서 거래된 그들은 아비의 눈을 뜨게 하기 위해 인당수에 몸을 던지는 '심청'과 유사하다. 저개발국가, 제3세계 여성, 식민지 여성이 제국주의와 빈곤의 희생양이 되어서 팔려가는 일은 드물지 않다. 한국 역시 그런 역사를 겪었다. 주변 강대국들 사이에서 변화를 거부하고 기존 봉건질서 수호만을 고집했던 조선은 청나라에 '공녀(환향녀)'를 보내야 했고, 식민지 조선은 일본 군대에게 '종군 위안부'를 제공해야 했다. 해방이 되었으나 완전한 탈식민을 이루지 못했던 한국 정부는 미군의 철수를 막기 위해 '기지촌 여성' 성 판매를 제안하며 국가가 포주 역할을 했다. 여기에는 서구 근대국가의 '남성성'과는 다른 식민지 '남성성'의 문제가 자리하고 여성의 '자발적인' 희생을 장려하는 '심청 이데올로기'가 내재되어 있다. '효녀'라는 칭송은 여성을 위한 것이 아니라 남성을 위한 것이다. 인류역사에서 가장 오래된 지배이데올로기인 가부장제가 그 기반에 자리한다.

약속과 달리 사장이 태국으로 50만원을 보내지 않자 마이는 사장에게 매달리며 사정하다가 폭행을 당하는데 그 광경을 많은 사람들이 목격하고도 그냥 지나친다. 우연히 그 옆을 지나던 수영이 마이를 데리고 도망치고 수영과 함께 바다에 가게 된 마이는 아이처럼 좋아한다. 포항에도 바다가 있다는 것을 처음 알았다는 마이의 대사는 그동안 마이가 감금 상태에서 살았다는 것을 보여준다. 마이의 새로운 인생은 사랑에 눈뜨면서 시작된다. 시아주버니인 사장에게 맞으면서도 친정에 돈을 보내달라고 매달렸던 마이는 수영과 함께 하면서 달라지기 시작한다. 버스터미널 화장실에서 화장을 고치는 여자를 보면서 마이 역시 립스틱을 꺼내 바르는 장면은 마이가 여성으로서의 자신을 자각했음을 암시한다. 추운 겨울, 차가운 도시에서 그들은 편의점 차량의 음식을 훔치고 비어 있는 빌라에 숨어들어 위태롭게 생존을 이어가면서 격렬하게 포옹한다. 그들의 정사는 핍박받으며 살았던 두 사람이 자신들의 외로움과 허기와 추위를 떨쳐버리려는 처절한 몸짓으로 다가온다. 특히 마이에게 있어서 수영과의 만남은 그녀에게 처음으로 따뜻한 인간의 체온을 느낄 수 있게 한 계기이다.

서로를 위로하던 두 사람의 공생과 사랑은 마이의 임신으로 인해 배반의 서사로 향하게 된다. 수영은 호스티스인 영진(소유진)과의 만남을 계기로 마이를 떠나 호스트로서의 삶을 살게 된다. 노숙이나 다를 바 없었던 마이와의 동거보다는 편한 삶이지만, 역시 무시당하고 스스로를 파괴해가는 밑바닥 삶이다. 버려진 마이는 성매매업소로 팔려 갈 위험에서 가까스로 벗어나고 임신한 몸으로 지하철역에서 노숙을 한다. 더 이상 갈 곳 없이 궁지에 몰린 사람들이 모이는 그곳에서도 마이는, 너희 나라로 돌아가라는 말과 함께 배척당한다. 여주인공을 한국사회의 하위계층 여성으로 설정했어도 사랑과 배반과 생존의 서사구조는 크게 달라지지 않았을 것이다. 그러나 태국 출신 결혼이주여성을 주인공으로 택함으로써 코리안 드림이 유토피아가 아닌 디스토피아였다는 차가운 현실인식과 함께 디아스포라의 정서를 채색 할 수 있었다. 또한 이미 그들의 문제가 한국 사회 안에 깊숙이 들어와 있다는 것을 드러내면서 사회적 문제를 제기하는 영화가 될 수 있었다.

깨질 것이 예견된 코리안 드림, 대한민국은 문명국인가?

19세 베트남 결혼이주여성이 40대 한국인 남편에게 구타를 당해 죽은 사건[1]은 한국 사회의 한 단면을 보여준다. 엄밀히 말하면 동남아 여성과 결혼하는 한국인 남성은 한국인 여성과 결혼하기 힘든 하위계층이다. 이들이 자신보다 훨씬 어린 동남아 여성을 신부로 데려오는 과정에서 인신매매의 성격이 있다는 것은 부인할 수 없는 사실이다.[2] 이미림은, 가부장

---

1   이주여성인 00씨는 2006년 12월 결혼정보업체를 통해 남편 장 모씨를 만나 2007년 5월 16일부터 충남 천안에서 신혼생활을 시작했다. 코리안 드림을 꿈꾸며 이 땅의 아내가 되고자 했지만 그는 언어문제, 남편의 폭력 등에 힘겨워하다 한 달 뒤인 6월 26일 여권과 옷을 챙겨 고국인 베트남으로 돌아가려다 술에 취해 귀가한 남편에게 맞아 그 자리에서 숨졌다. 남편 장씨는 사건 발생 2개월 뒤인 지난해 8월 초 경찰에 검거됐으며, 대전고법은 지난 1월 살해혐의로 징역 12년을 선고했다. 재판을 담당한 대전고법 김상준 부장판사는 "타국여성을 마치 물건처럼 취급하고 있는 우리 사회의 총체적 미숙함과 어리석음은 이 사건과 같은 비정한 파국의 씨앗을 필연적으로 품고 있다"며 "문명국의 허울 속에 갇혀 있는 우리 내면의 야만성을 가슴 아프게 고백해야 한다"고 강조했다.
      경향신문, 2008. 03. 13.
2   성차별적이며 인권 침해적인 표현으로 가득 찬 다음 문구는 한 지방자치단체가 면 단위로 보낸 '국제결혼 협조 공문'의 일부이다.
      "베트남 여성은 남편을 하느님처럼 모시고 사는 지구상의 마지막 남은 순수함을 지닌 천사와도 같으며, 남편에게 헌신적이고 모성애가 강하며, 몸매가 환상적이고 소식하는 식문화로 살이 찐 여성이 거의 없다."
      김승욱, 『다문화 콘서트』, 법문사, 2009, 123쪽.

적 혈통주의가 지배하는 한국사회(특히 농촌사회)에서 "국제결혼을 선택할 수밖에 없는 '주변부' 남성들은 자존감이 무척 낮으며 여성관도 지극히 성적이고 무책임하"기 때문에 결혼이주여성을 동등한 인간으로 대해야 한다는 의식이 부족하다고 말한다. 결혼이주여성들은 단지 우리보다 못사는 나라에서 왔다는 이유로 무시당하거나 성적 착취와 노동 착취의 대상이 되기도 한다. 순혈주의와 민족주의에 집착하여 그들을 노골적으로 거부하는 사람들도 있다.

결혼이주여성을 '다문화 가정'이라는 미명 아래 수용하는 경우도 그들에게 일방적으로 우리의 문화를 강요하는 동화주의 정책에 속해 있다. 한국의 미디어에서 소개되는 다문화가정의 모습은 사실상 정부의 동화주의 정책에 의해 기획된 것이다. 결혼이주여성은 한국의 전통문화에 동화된 모습으로 재현된다. 그들은 시부모를 극진히 봉양하며 아이들을 낳아 키

냉혹한 도시, 서울의 거리에서 마이와 수영. 결국 수영은 마이를 떠난다

우고 순종적이고 헌신적인 며느리 아내 엄마의 모습으로 재현되지만 정작 그들의 목소리는 소거된다. 강미옥의 언술처럼, "이미 화석화되어버린 전통 의식들이 이주 여성들의 몸을 통해 재생되는 과정이 보수 언론을 통해 비춰지는데", 그들에게 강요된 '전통'은 사실상 많은 한국여성들이 거부한 것이지만, 한국여성들이 거부하는 현모양처로서의 호명에 그들은 부응해야 한다.

우리에게 과거 70년대와 80년대에 때로 성공한, 때로 좌절된 아메리칸 드림이 있었다면 그들의 코리안 드림은 어떤 양상으로 전개되고 있는가. 2000년대 들어서 본격적으로 진행된 외국인노동자들과 결혼이주여성들의 유입은 사실상 한국사회 내부의 문제와 맞물려 진행되었다. 과거 개발독재시대에 한국인 근로자들의 저임금을 통해 가격경쟁력을 확보할 수 있었으나 이제 그 자리에 저렴한 노동력인 외국인노동자들이 자리하게 된 것이다. 또한 한국의 저출산 문제는 여성들의 인식변화에 따라가지 못하는 남성들의 시대착오적이며 나태한 인식과 사회적 시스템의 부재가 낳은 결과이다. 이제 우리는 그들을 이용하면서 한편 백안시한다. 잘 사는 나라 대한민국의 못 사는 계층의 편견과 폭력이 더 심하다. 영화 속에서 이용당하고 배척당하며 이 땅에서 힘겹게 생존을 이어가던 마이는 수영에게 '산세베리아는 아주 잠시라도 빛을 봐야 하는 식물'이라고 말한다. 아주 잠시라도 빛을 볼 수 있다면 마이는 살아갈 수 있겠지만 그렇지 못하면 마이는 죽을 수밖에 없다. 우리는 그들에게 조금의 햇빛을 나눠주는 데에도 인색하지 않은가.

〈그래비티(Gravity)〉(감독 알폰소 쿠아론, 2013)

나를 잡아당기는 힘,
중력에 감사하다

결이 다른 우주 체험

먹먹하다. 외롭고 두렵다. 관객을 먹먹함과 외로움과 두려움으로 떨게 하는 〈그래비티(Gravity)〉는 경이로운 영화이다. 우주공간을 만화적이 아닌 현실적으로 형상화 한 영상기술이 경이롭고, 주인공이 겪고 있는 고독과 공포가 고스란히 관객에게 전해지는 시점 쇼트도 대단하다. 이 영화에서 묘사한 우주는 아름답지만 낭만적이지 않다. 오히려 냉혹하다. 무중력의 공간을 재현하기 위해 사용된 여러 기술들은 테크놀로지의 총화인 영화를 진일보하게 했다. 〈그래비티〉가 성취한 것은 영상기술의 진보만이 아니다. 〈그래비티〉 안에는 삶 이전의 생존 자체에 대한 사유가 녹아 있다.

주인공인 라이언(산드라 블록)은 우주비행사가 아니다. 허블 우주망원경을 수리하기 위해 파견된 미 항공 우주국(NASA) 소속 박사이다. 그런 그녀가 우주에 혼자 남겨진다. 인공위성의 잔해들에 의해 우주선이 폭파되면서 혼자 튕겨져 나가 우주 속에서 유영하며 극도의 공포에 떨어야 했다. 우주비행사인 매트(조지 클루니)에 의해 구조되어 우주선에 돌아오지만 그 곳에는 동료들의 처참한 시신이 있을 뿐이다.

그들은 우주정거장까지 가서 소유주를 타고 지구로 귀환하려 했으나 베테랑 우주비행사인 매트마저 사고를 당한다. 이제 우주비행이라고는 시뮬레이션을 통해 경험했을 뿐인 라이언 혼자서 지구로 귀환해야 한다. 그것은 무중력의 공간에서 중력의 공간으로 돌아오는 일이며 산소가 없는 곳에서 산소가 있는 곳으로 돌아오는 일이다. 즉 생존이 불가능한 공간에서 생존이 가능한 공간으로 돌아오는 일이다. 인류가 우주로 향하기 시작한 이후 우주로의 떠남은 늘 지구로의 귀환을 전제로 한다. 지구로 돌아오지 못하면 죽을 수밖에 없다.

삶의 '의미' 찾기보다 절실한 생존 본능

〈그래비티〉는 러닝 타임의 절반 이상이 라이언의 일인극이다. 매트가 사고를 당하기 전, 라이언에게 그녀가 돌아오길 기다리는 사람이 있느냐고 묻는다. 라이언에게 삶의 의지를 갖게 하기 위한 질문이었다. 라이언의 유일한 가족이었던 딸은 사고로 허망하게 죽었다. 딸이 죽은 후 라이언은 저녁때면 코멘트가 전혀 없는 라디오를 틀어놓고 정처 없이 운전했음을 고백한다. 라이언은 스스로 외부와 단절된 삶을 선택했다. 임무 때문에 우주로 왔을 때에도 우주에 와서 가장 좋은 점은 '고요함'이라고 말할 정도로 적막함에 침잠했다. 삶에 대한 열망이나 의지를 잃은 상태였다. 즉 라이언은 굳이 지구를 향해 고난의 여정을 감행할 이유가 없었다. 그럼에도 불구하고 라이언은 사투를 결행한다. 잠시 포기하려 했으나 결국 지구로 향한다.

〈그래비티〉에서 재현된 우주공간의 모습은 적막하고 아름답지만 외롭고 두려운 곳이기도 하다. 동료들이 모두 죽고 라이언 혼자 남아서 더욱 그러하다. 그 외로움과 두려움이 관객으로 하여금 끝까지 긴장을 놓지 못하게 한다는 점에서 〈그래비티〉는, 스펙터클한 전투 장면이나 기이한 외계인이 등장하는 다른 재난 영화들과 차별화 된다. 라이언이 싸워야 할 대상은 외계인도 적군도 아닌 자신의 내면에 자리한 허무와 공포이다. 허무와 공포를 극복하게 한 것은 생존 본능이다.

전쟁 중에는 자살률이 급격하게 떨어진다고 한다. 언제 죽을지 모르는 상황 속에서 오히려 살아남기 위해 분투하는 것이다. 우주에 홀로 남겨진 라이언 역시 아직 숨 쉬고 있었으며 살아 있는 한 죽지 않기 위해 온 힘을 다해야 하는 것이다. 이는 마치 생명체가 삶의 '의미'를 추구하기 이전에 '생존'하기 위해 본능적으로 몸을 사리거나 먹을 것을 찾는 것과 같은 이치이다. 낙태 시술 시에 태아가 본능적으로 위협을 감지하고 흡입 기구를 피하는 것과 마찬가지이다. 〈그래비티〉에서는 라이언의 모습을 태아의 모습처럼 형상화 했다. 산소탱크와 연결된 줄은 탯줄과 유사하다. 무중력 우주선 안에서 유영하는 라이언의 모습은 자궁 속 태아의 모습을 연상하게 한다. 중국 우주정거장을 통해 기적적으로 지구에 도착한 라이언이 강에 추락해 물속에서 우주복을 벗고 헤엄쳐 올라오는 장면 역시 양수에서 빠져나오는 아이의 모습과 닮아 있다. 이제 그녀는 새롭게 태어났다. 그녀는 진흙을 밟으며 그 촉감에 환희를 느낀다. 그녀가 느끼는 흙의 감촉은 우주로 가기 이전에는 미처 느끼지 못했던 의미로 다가온다.

비상(飛上)보다 더 중요한 착지(着地)

중력은 우리를 땅으로 끌어들인다. 중력에 저항해서 하늘 높이 날아오르더라도 영원히 하늘에 떠 있을 수는 없다. 쉬거나 자거나 먹기 위해서 땅으로 내려와야 한다. 물은 높은 곳에서 낮은 곳으로 흐르고 땅에 스며

적막과 고독 속에서 생존을 위한 사투를 벌여야 하는 라이언

든다. 중력이 있는 한 모든 물체는 낙하한다. 그 모든 것을 수용하고 재생시키며 뿌리 내리게 하는 것이 '어머니'로 비유되는 대지이다. 라이언이 흙을 밟으며 느끼는 생의 감각은 허무와 절망의 터널을 통과한 후의 느낌이었기에 더 즉물적으로 생생하게 다가온다. 라이언이 온 몸으로 느낀 생의 감각은 이제 앞으로의 삶을 이전과는 다른 것으로 만들 것이다.

영화의 절정이자 엔딩부에서 라이언이 탄 우주선이 불붙은 파편들과 함께 지구로 돌진하는 장면은 무척이나 인상적이다. 이미 많은 이들이 간파했듯이 그 장면은 난자인 지구를 향해 정자인 우주선이 돌진해 들어가는 모습을 연상하게 한다. 생명체의 형성과 탄생. 〈그래비티〉를 보면서 나를 잡아당겨주는 힘인 '중력gravity'이 있는 땅에 발을 디디고 서서 호흡할 수 있다는 것이 얼마나 소중한 일인지를 온 몸으로 느끼게 된다. 나를 잡아당기는 모든 것이 뿌리치고 싶고 벗어나고 싶은 것만이 아니라는 것을 깨닫는다. 이것은 이 지구상에서 어떤 이유로든 사는 것이 힘겨운 이들에게 전하는 간결한 메시지이다. 누군가 나를 잡아당겨주듯이 나 역시

라이언에게 우주는 그 고요함이 마음에 드는 곳이었으나,
이제는 소리 질러도 그 누구도 응답하지 않는 처절하게 고적한 공간이다.
또한 날아오르고 유영할 수는 있으되 착지할 수는 없는 무중력의 불안정한 곳이다.

누군가를 잡아당겨주겠다는 다짐이기도 하다. 자신을 잡아달라고 호소하
는 누군가의 목소리에 귀 기울여야 한다는 깨달음이기도 하다.

〈그렇게 아버지가 된다〉(감독 고레에다 히로카즈, 2013)

지난한 여정을 겪어야...
비로소 아버지가 된다

혈연중심주의와 출세지향주의에 돌을 던지다

우리는 '어떻게 아버지가 되는가?'라고 질문하지 않는다. 출산의 고통을 겪지 않아도, 육아에서 한 걸음 비껴서 있어도, 아이에게 무관심하더라도, 심지어 아이에게 폭력을 행사해도, 가부장 사회에서 아이는 아버지의 성을 따른다. 정자 제공만으로도 아버지라는 이름과 지위는 자연스럽게 주어지며, 아버지로서의 권위와 권력 역시 저절로 부여되는 것이 아니었던가? 돈을 벌어오는 것으로써 '가장'이 되고 '아버지'의 역할을 다하는 것이 아니었나? 영화 〈그렇게 아버지가 된다〉의 감독 고레에다 히로카즈는 그렇지 않다고 말한다.

〈그렇게 아버지가 된다〉는 2013년 칸 영화제에서 심사위원대상을 수상했으며, 2013년 부산국제영화제에서 가장 호평을 받은 영화들 중 하나이다. 칸 영화제에서 이 영화를 접한 스티븐 스필버그 감독은 이 영화를 할리우드에서 리메이크 하겠다고 선언하기도 했다. 병원에서 아이가 바뀐 채, 6년 동안 혈연관계가 아닌 아이를 자신의 아이로 알고 키웠다는 설정은 그다지 새로울 것이 없다. 아이가 있는 재혼남과 결혼해서 전처의 아이를 양육하는 데 지친 간호사가 부유하고 행복해 보이는 가정에 대한 분노와 질투심으로 일부러 아이를 바꿨고 그 과정에서 자신만 불행한 것이 아니라는 위로를 받았다는 고백 역시 다소 자극적인 신파적 멜로의 요소를 가지고 있다. 하지만 이 영화는 신파적 멜로드라마로 향하기보다는 한 남자의 '아버지 되기' 과정에 초점을 맞춘다.

료타(후쿠야마 마사하루)는 성공한 남자라고 불릴 만한 모든 것을 갖추었다. 비즈니스 정장이 잘 어울리는 신체와 단정한 얼굴에서 자신감과 확신이 드러난다. 대기업에서 출세가도를 달리고 있으며, 도쿄 시내 고급 맨션의 소유자이다. 교양 있고 아름다운 아내는 온화하게 그의 곁을 지킨다. 그는 자신의 아들 케이타(니노미야 케이타) 역시 자신처럼 엘리트로 키우려 한다. 케이타가 피아노 연습을 하루 쉬겠다고 했을 때 료타는 "하루를 쉬면 보충하는 데 삼 일이 걸린다"고 말하는 반면 아내 미도리(오노 마치코)는 케이타에게 피아노 치는 게 싫으면 억지로 치지 않아도 된다고 말한다. 케이타가 연주회에서 실수하고 친구의 뛰어난 연주에 박수칠 때 료타는 케이타에게 "넌 분하지도 않냐"고 말한다. 아이가 바뀌었다는 사실을 알게 되었을 때 료타는 혼잣말처럼 "역시, 그랬었군."이라고 말한나.

료타와 케이타

케이타가 자신과 달리 승부욕이 없고 우수하지 못한 이유에 대한 납득이
었다.

케이타의 친아버지인 유다이(릴리 프랭키)는 료타와 무척이나 대조적
이다. 도쿄 교외의 서민 주택가에서 허름한 전파상을 운영하며 작은 집
에서 아이 셋과 북적대며 사는 유다이는 덜렁대는 성격과 부스스한 외모
의 소유자로 료타와 전혀 다른 아버지의 모습이다. 료타의 시각에서 보면
생각 없고 무능력하며 철이 없는 남자이다. 하지만 유다이는 야망이 없고
가난한 자신에 대해 조금도 주눅 들지 않는다. 무엇보다 아이들과 부대끼
고 놀며 아이들과 많은 시간을 보내는 그를 감독은 이상적인 아버지로 묘
사한다. 하지만 료타는 자신의 피를 받은 아이인 류세이가 보잘 것 없어
보이는 빈틈 많은 남자의 아이로 자라고 있는 것에 절망한다. 료타는 케
이타와 류세이 모두 자신이 키우겠다는 욕심을 낸다. 자신이 훨씬 좋은
환경에서 잘 키울 수 있다는 계급적 우월감이 작용한 것이다.

류세이의 가족들을 만나면서 료타의 자신감과 확신에 금이 가기 시작
한다. 류세이는 자신과 놀아주는 철없는 아빠의 아이로 행복하다. 류세이
는 부자 아빠/가난한 아빠에 대한 개념이 없다. 교환의 수순을 밟기 위해
료타의 고급 아파트에 온 류세이는 자신을 키워준 아빠가 있는 좁은 집으
로 돌아가고자 가출까지 한다. 케이타가 자신의 핏줄이 아니라는 것을 알
고부터 케이타에게 정을 떼어가는 료타와 달리, 아내 미도리는 케이타에
대한 애정을 놓지 못한다. 일련의 사건들 속에서 핏줄에 집착했던 료타는
자신이 케이타에게 상처를 주었다는 것을 깨닫는다. 또한 자식에게 엄격
한 완벽주의자였던 아버지를 미워했던 자신이, 자기도 모르는 사이에 아
버지의 행동을 답습하고 있었다는 것도 성찰하게 된다.

이렇듯 이 영화는 혈연 중심주의에 의문을 제기한다. '아버지'라는 이

름이 핏줄의 연결에 의해 자동적으로 주어질 수 없다고 말한다. 이 영화는 가족이 함께 한 시간의 양에 의미를 두고 있다. 고레에다 히로카즈 감독은 아이가 바뀐 걸 알면 그 아이의 나이가 몇 살이건 간에 백 퍼센트 친자로 바꾸길 원한다는 이야기를 듣고 충격을 받았다고 밝힌다. 이는 '핏줄'에 집착하는 한국사회에서도 적용된다. 핏줄에 대한 집착은 원초적이어서 맹목적이고 그래서 비극을 잉태하기도 한다. 핏줄이라는 이유로 너무 쉽게 상처주기도 하고 핏줄이라는 이유로 더 큰 고통을 주기도 한다. 혈연에 대한 집착은 필연적으로 비혈연관계에 대한 배타적 태도로 이어진다. 자기자식밖에 모르는 부모의 미성숙한 행동의 근원 역시 핏줄에 대한 집착에 있다. 그런데 과연 핏줄에 원초적인 본능으로 끌리는가? 그렇게 착각하고 있는 게 아닐까? 뻐꾸기는 다른 새(뱁새 등)의 둥지에 자신의 알을 낳는, 이른바 '탁란'을 한다. 뱁새는 자신의 둥지에 있는 뻐꾸기의 알을 자신의 것으로 생각하고 지극정성으로 돌본다. 료타 역시 케이타가 자신의 피를 받은 아이가 아니라는 걸 몰랐다면 케이타에게 정을 떼려고 애쓰지 않았을 것이다. 료타가 자신의 친아버지임을 모르는 류세이는 자신의 엄마 아빠에게 돌아가게 해달라고 소원을 빌기까지 한다. 즉 핏줄의 화학반응에 의해 저절로 마음이 끌리는 것이 아니라 혈연에 대한 거대한 의미부여가 핏줄에 대한 집착을 만들어내는 것이다.

이런 의미에서 〈그렇게 아버지가 된다〉는 일본영화이지만 현재 한국사회를 비추는 거울이기도 하다. 한국사회 역시 핏줄에 대한 집착을 반복적으로 재생산한다. 혈연에 의해 자동적으로 아버지가 되고 그로 인해 아이에 대한 권한과 권력을 획득한다. 시간을 들인 노력 끝에 아버지가 될 수 있다는 것을 깨닫지 못한다. 계모에 의한 아동학대는 미디어에서 요란하게 보도하지만, 친아버지에 의한 아동학대는 가려진다. 아버지의 폭력

유다이와 류세이

이 아이의 심신에 미치는 악영향이 지대한 경우에도 그 폭력은 '폭력'이 아닌 '훈육'이라는 미명을 뒤집어쓰기도 한다. 자신의 욕망을 자식에게 투사하여 대리만족하려 한다. '효(孝)'는 이데올로기화 되어 부모의 권리가 된다.

아이의 태어남과 동시에 자동적으로 아버지로서의 권능이 부여되는 것이 아니다. 아이와 함께 아버지도 성장한다. 올바로 사랑을 주는 방법을 배우게 된다. 아이는 아버지의 욕망을 충족시켜주는 매개체가 아니라 아이 자신의 취향과 성향을 가진 고유한 인격체임을 깨닫게 된다. 아이가 자신의 분신이 아니라 고유한 개인임을 알게 되는 것이다. 아무리 어린아이일지라도 부모가 자신을 사랑하는지 아닌지 느낀다는 것을 체험하게 된다. 핏줄이 애정을 만드는 것이 아니라 함께 한 시간에 대한 기억이 애정을 만든다는 것도 알게 된다. 그렇게....... 아버지가 된다.

미도리와 료타

선한 의지로 가득한 영화, 그러나·······

〈그렇게 아버지가 된다〉는 혈연중심주의에 문제를 제기했다는 점에서는 분명 의미 있다. 생물학적 친자관계, 즉 자신의 DNA 유전정보를 물려받았다는 것으로 가족이 되고 아버지가 되고 아들이 되는 게 아니라는 것을 담담하지만 호소력 있게 전달했다. 그럼에도 불구하고 부모-자식 간 관계, 나아가 가족을 바라보는 시선이 여전히 '관습적'이라는 것을 지적하지 않을 수 없다. 병원에서 아이가 바뀌었다는 얘기를 들었을 때 미도리가 보인 반응에서 여전히 '관습적'인 사고가 분명하게 드러난다. 미도리는 자신이 '엄마인데' '엄마로서' 아이가 바뀐 것을 어떻게 모를 수 있었는지를 자책한다. 엄마라고 해도 간호사가 자신에게 안겨주는 신생아가 자신의 아이인지 아닌지 정확하게 알 수는 없다. 그럼에도 불구하고 미도리는 '난 엄마인데'라며 자신을 자책한다. 결국 부계혈통중심 핏줄에 집착하는 혈연중심주의에 돌을 던진 이 영화가 여전히 모성 이데올로기에서 자유롭지 못한 것이다.

오랜 시간과 마음과 정성과 노력을 들여서 아버지가 되듯이, 모성 역시 주어진 본능이 아니다. 자신의 아이에게 혹은 작은 생명체에게 마음이 끌리는 것은 인간의 본성일 수 있다. 하지만 안쓰러운 감정을 느끼는 것과 시간과 비용과 수고를 들여서 돌보는 것은 다른 문제이다. 특히 가부장 사회에서 어머니가 된다는 것은 자신의 존재 자체를 지워야 할 정도의 희생과 헌신을 요하는 일이다. 이를 자동적으로 관습적으로 보기 때문에 문제의식을 갖지 못하는 것이다. 또한 영화에서 이상적인 아버지로 묘사된 유다이가 과연 이상적인 아버지일까 라는 의구심이 든다. 유다이는 "내일 할 수 있는 일은 오늘 하지 않는다"고 말할 정도로 천하태평인 사람이다. 아이들과 많은 시간 함께 놀며 시간을 보낸다는 이유로 이상적인 아버지인 것처럼 묘사되었다. 유다이의 아내인 유카리(마키 요코)는 "치매에 걸린 시아버지와 남편과 아이 셋, 모두 다섯 명의 아이를 돌본다"고 농담처럼 말한다. 유카리는 또한 생계를 위한 일도 하고 있다. 즉 유다이가 아이들과 놀아주는데 많은 시간을 할애할 수 있는 것은 유카리의 다부지고 억센 역할이 있기에 가능한 것이다. 그렇다고 유다이와 유카리가 모계중심의 가족을 구성한 것도 아니다. 남편보다 야무진 아내 또한 가부장제를 든든하게 뒷받침하고 있다. 이 영화가 혈연중심주의를 비판하면서도 여전히 가족에 대한 '관습적' 사고방식에서 벗어나지 못했다는 혐의는 여기서도 입증된다.

어떻게 아버지가 되고 어떻게 가족이 되는지를 묻는 이 영화의 미덕을 인정하면서도 지나치게 도식적인 이분법 역시 마음에 걸린다. 부자이지만 바쁘고 자식에게 엄격한 아버지와 가난하지만 자식에게 많은 시간을 할애하며 자식과 친구처럼 지내는 아버지를 무 자르듯 구획하고 후자에

높은 점수를 주는 식의 노골적인 서사진행에 대한 아쉬움이다. 일본이나 한국이나 자식과 놀아주려다 자식을 굶길 수도 있는 무한경쟁사회이다. 부모의 계급적 배경은 자식에게 엄청난 영향을 준다. 아이들은 부자아빠/가난한 아빠에 대한 개념도 분명하게 가지고 있다. 때문에 영화 속 아이들의 모습은 상당히 비현실적이다. 이는 이 영화에서 '가족'이 되기 위해서 함께 하는 시간의 중요성을 강조하려다가 지나치게 도식적이고 이상적인 그림을 그렸기 때문이라고 생각된다.

'핏줄'이라는 어휘의 폭력성

'핏줄', 더 나아가서 '천륜'이라는 단어는 아무도 건드릴 수 없는 것이 우리 사회문화의 관습이었다. 이는 한국사회에서 배타적인 혈연중심주의와 가족주의를 만들었다. 대한민국이 오랫동안 고아수출국의 오명을 가지고 있었던 것은 '핏줄'을 중시했기에 입양을 꺼렸기 때문이다. 특히 부계혈통중심 가부장제에서 '대를 잇는' 아들을 필요로 했던 시대는 먼 과거가 아니다. 한국사회의 가족주의는 사회의 무능과 제도의 미비와도 관련된다. 가족의 안전과 육아와 복지를 사회가 보장하지 못하고 그 모든 것을 가족 내에서 해결해야하기에 우리는 가족, 특히 핏줄로 맺어진 가족을 중심으로 불안하지만 필사적인 연대를 꾀해야 한다. 미디어에서는 이러한 부계혈통중심의 가족주의 이데올로기를 지속적으로 전파해왔다.

핏줄로 연결된 가족이기에 무조건적으로 사랑하고 희생해야 하는가? 게다가 그 사랑과 희생이 일방적이라면? 금기시되어왔던 이러한 질문들이 가족 내의 문제들을 곪아 터질 때까지 방치하게 했다. 가부장은 가정의 독재자가 되는 경우가 많았으며 아들은 가부장 지위 세습을 전제로 효도를 상납해야 했다. 딸은 남자형제를 위해 희생하거나 가족을 위해 희생하다가 결혼 후에는 남편의 가족에게 헌신해야 했다. 독재적이지 않고 아내 말 잘 듣고 아이들에게 친구 같은 경우도 가부장제의 틀 안에서 벗어나지 않는다. 독재적이고 때로 폭력적인 가부장제이든 온정적인 가부장제이든 이들을 지탱하는 것이 바로 부계혈통중심 혈연주의이다. 이것이 과연 누구를 위한 것인지 생각조차 할 수 없는 분위기였다. 핏줄이기에 사랑해야 한다는 강박관념을 가지고 괴로워하기도 한다. 생각의 시각을 바꿔서 질문해본다. 핏줄 그리고 가족은 왜 꼭 사랑해야 하는가. 꼭 사랑해야 하는 관계라는 의무감이나 자책, 비난에 대한 두려움에 의해 사랑하기보다는 사랑하지 않아도 되는데 사랑할 때, 그것이 더 좋지 않을까.

〈겨울왕국(Frozen)〉(감독 크리스 벅, 제니퍼 리, 2013)

엘사와 뮬란,
역경 이겨냈기에 아름답다

디즈니 캐릭터의 변화

한 순간도 눈을 뗄 수 없다. 시간이 가는 줄 모르고 빠져든다. 뮤지컬 애니메이션 〈겨울왕국(Frozen)〉은 영화가 서사이자 이미지이고 감각과 감성을 동시에 터치한다는 것을 보여준다. 예술인 아트art이자 기술인 아트art가 영화의 매체미학이라는 것도 새삼 느끼게 한다. 눈과 얼음이 얼마나 매혹적인지 발견하게 한다. 기술력에서 진일보했으며 반전을 배치한 서사는 진부함에서 탈피했다. 왕자의 키스로 깨어나는 수동적이었던 여성 캐릭터 역시 변화했다.

디즈니의 캐릭터들은 시대에 따라 변화해왔다. 초기 디즈니의 전형적인 캐릭터는 예쁘고 착하고 수동적인 '공주' 캐릭터였다. '백설공주'와 '신데렐라'가 대표적이다. 그들은 사악한 왕비나 계모와 의붓 언니들의 시샘과 괴롭힘을 견디고 백마 탄 왕자님에 의해 구원받는다. 왕자의 키스에 의해 저주에서 깨어나는 '잠자는 숲 속의 미녀' 역시 그러하다. 얼핏 보면 권선징악이라는 바람직한 주제를 구현하는 것 같지만 사실상 외모지상주의, 왕자로부터 구원받는 수동적인 여성상, 선악의 단순한 이분화, 여성의 적은 여성이라는 왜곡된 이데올로기까지 줄곧 비판받아온 문제들을 내포하고 있다.

1990년대에 들어서 디즈니의 캐릭터는 눈에 띄게 변화하기 시작했다. 이는 1991년 〈미녀와 야수〉에서부터 시작되었다. 주인공인 벨은 '미녀' 이긴 하지만 공주는 아니다. 책을 좋아하는 여성이며 자신의 사랑을 스스로 선택하는 능동적인 캐릭터이다. 근육질의 무식하고 마초적인 남자 개스톤의 구애를 거절하고 야수를 선택하는데, 잘 생긴 왕자에게 첫눈에 사랑에 빠지는 설정이 아니라는 것도 의미 있다. 또한 야수와의 관계에서 벨은 두려움 없고 적극적이며 주도적인 위치에 있다. 저주의 마법을 푸는 선택의 주체가 여성 캐릭터인 벨이며, 벨의 선택은 왕자라는 신분과도 잘 생긴 외모와도 상관없는 것이어서 신분 외모 젠더의 측면에서 기존 디즈니 서사의 주류 이데올로기에서 많이 벗어났다.

더 큰 변화는 〈뮬란〉(1998)에서 보인다. 백인 주인공 일색이었던 디즈니 애니메이션에서 최초로 동양인을 주인공으로 설정했으며 고대 중국을 배경으로 한다. 뮬란은 똑똑하고 적극적인 여성이다. 고대 중국에서 이상

엘사와 안나, 그들의 자매애는 더 많은 것들을 살리는 힘으로 확장된다.

디즈니 여성캐릭터의 혁명적인 진보 '뮬란'

적으로 여겼던 여성상과는 반대이다. 병든 몸으로 징집되어야 하는 처지에 놓인 아버지를 대신해서 남장을 하고 전쟁터로 나간다. 뮬란이 아버지의 칼을 들고 스스로 자신의 긴 머리카락을 자르고, 아버지의 칼이 있던 자리에 자신의 머리핀을 놓아두고, 말을 타고 가는 일련의 시퀀스는 신선한 충격과 긴장감을 주는 인상적인 장면이다.

'핑'이라는 가명으로 성별을 속이고, 전쟁에서 공을 세우고 동료들의 목숨을 구한 뮬란은 여자임이 발각되어 처형당할 위험에 처하게 된다. 남성인 '핑'의 행위일 때는 영웅으로서 대접받을 수 있었지만, 여성인 '뮬란'이 한 것일 때는 군법을 어긴 것이 되어 처형되어야 한다. 하지만 뮬란이 동료들의 생명을 구했기에 처형은 면하고 허무하게 집으로 돌아가야 했다. 돌아가는 길에 적장의 또 한 번의 공격을 알게 되고 말을 돌려 위험에 처하게 된 황제와 백성들을 구함으로써 황제로부터 감사인사를 받게 된다. 왕자와 공주도 등장하지 않고, 이렇다 할 로맨스도 없는 〈뮬란〉이 강한 감동을 줄 수 있었던 이유는 시대의 변화에 발맞춘 캐릭터의 변화와 더불어 다음 대사에서 압축 제시된다. "역경을 이기고 피어난 꽃이 가장 아름답다."

뮬란이 극복해야 했던 여러 역경 중에서 가장 대표적인 것은 '성별'에 의한 편견과 억압이다. 〈뮬란〉의 배경이 되었던 시대는 여성이 자신의 목소리를 내어서는 안 되는 시대였다. 남성의 영역이라고 간주되는 곳에서 남성보다 뛰어난 능력이 있어도 그 능력을 숨겨야 하는 시대였다. 위험을 경고하는 뮬란의 말을 듣지 않는 대장에게 '핑과 뮬란은 동일인물인데, 왜 핑의 말은 믿고 뮬란의 말은 믿지 못하냐'는 항변은 눈 가리고 귀 막는 편견의 우매함과 위험함을 단적으로 증언한다. 가부장 이데올로기를 충실하게 재현하고 전파해온 디즈니 캐릭터의 변화는 이렇게 〈뮬란〉에서 본격적으로 전개되었다.

눈부신 그녀들

한 순간도 눈을 뗄 수 없게 만드는, 영화 〈겨울왕국〉 중 최고의 장면.
'Let It Go' 노래와 함께 엘사는 숨겨왔던 자신의 능력을 마음껏 펼친다

2013년에 제작된 혁명적인 영상미학의 〈겨울왕국〉은 좀 더 진전된 캐릭터와 서사를 보여준다. 손에 닿는 모든 것을 얼어붙게 만드는 엘사의 마법은 능력이자 저주였다. 사랑하는 동생 안나에게도 말할 수 없는 비밀이었고, 여왕 대관식에서조차 장갑을 끼고 감춰야 하는 가공할 능력이었다. 조마조마하게 지켜왔던 엘사의 비밀은 결국 드러났고 엘사는 왕궁을 떠난다. 여기서 첫 번째 반전이 마련된다. 혼자 산꼭대기 얼음성에서 지내야 하는 엘사가 유폐된 여왕으로서 외롭고 불행한 것이 아니라 모든 굴레에서 벗어나 더 없이 자유롭고 행복한 모습으로 연출된 것이다.

너무도 유명한 주제곡 'Let It Go'를 부르며, 장갑도 왕관도 벗어던지고 머리모양과 의상도 격식에서 벗어나는 장면은 관객들에게 강렬한 인상을 준다. '옳고 그름도, 규칙도 없다. No right, no wrong, no rules for me' '내가 뭘 할 수 있는지 알아볼 때이다. It's time to see what I can do' 라는 가사는 영화서사 전반을 관통하는 핵심 메시지이다. 애써 숨겨야만 했던 자신의 능력을 한껏 발휘하며 엘사의 얼굴에는 생기가 넘쳐흐른다. 착한아이 콤플렉스에서 벗어났고, 자신을 있는 그대로 인정하고 사랑하게 되었

엘사를 찾아가는 안나의 여정에 함께 한 친구들.
그 과정에서 안나는 성장하고 강인해진다.

엘사와 뮬란, 역경 이겨냈기에 아름답다

더 이상 자신의 능력을 감추지 않고 힘을 쓰기로 결심한 엘사.
결국 엘사는 얼어붙은 왕국 전체를 살려낸다.

다. 과거 디즈니 캐릭터는 선한 캐릭터와 악한 캐릭터의 이분법을 따랐다. 선한 여성 캐릭터는 수동적이고 왕자의 구원을 기다리는 존재였으며 악한 여성 캐릭터는 마법으로 선한 여성 캐릭터를 괴롭혔다. 하지만 〈겨울왕국〉의 엘사는 이러한 이분법을 무너뜨린다.

또 한 번의 반전은, 한스 왕자가 공주를 구해주는 늠름하고 선한 캐릭터가 아니라는 것이다. 디즈니 애니메이션에서 한스 같은 왕자캐릭터는 본 적이 없다. 왕위를 노렸던 한스의 실상이 밝혀지고, 천한 신분인 크리스토프가 진정한 사랑의 구원자가 될 것 같았는데, 다시 반전이 일어난다. 얼어붙은 안나를 살린 것은 엘사의 눈물이었다. 진정한 사랑이라는 핵심 모티프는 여타 디즈니 애니메이션 서사와 같지만, 그 사랑은 왕자의 키스도, 비천한 남자의 순정도 아닌 자매애이다. 여기서 자매애는 혈연의 의미로 축소되지 않는다. 과거 디즈니 애니메이션에서 착하고 수동적인 여성 캐릭터와 그를 괴롭히는 악하고 능동적인 여성 캐릭터를 대비시켜 '여성의 적은 여성'이라는 거짓 신화를 지속적으로 전파했던 것에서 진일보한 변화라고 할 수 있다.

자신의 능력이 저주받은 것이었어도 더 이상 숨기지 않고 자신이 무엇을 할 수 있는지 알아보고 싶다는 엘사와, 핑과 뮬란은 동일인물인데 왜 핑의 말은 믿고 뮬란의 말은 믿지 못하냐고 항변하는 뮬란은 금기와 한계에 도전함으로써 성장하는 모습을 보여준다. 자신의 내면에 감춰야만 했던 힘을 끄집어낼 수 있는 용기를 보여준 그녀들은 진정 아름답다. 그런 용기는 자기애(自己愛)에서 시작하여 타자(他者)를 살리는 힘으로 확장된다.

〈우아한 거짓말〉(감독 이한, 2014)

정글 같은 교실...
방관도 침묵도 폭력이다

깜찍하고 무서운 아이들

아이는 장난으로 돌을 던지지만 그 돌을 맞은 개구리는 죽는다면, 그까짓 장난에 죽은 개구리가 잘못일까? 아니면 장난으로 돌을 던진 아이가 잘못일까? 모난 돌이 정 맞는다면, 모가 난 돌이 잘못일까? 아니면 모든 돌을 일괄적으로 둥글게 만들려는 집단이 잘못일까? 왕따는 당할 만한 이유가 있는 것일까? 왕따가 되는 이유는 여러 가지이다. 공부를 너무 잘해도, 너무 못해도, 예뻐도, 못 생겨도 왕따가 될 수 있다. 잘난 척을 해도 왕따가 될 수 있지만, 잘난 척을 하지 못해도 왕따가 될 수 있다. 순하고 잘참는 성격이어도 왕따가 될 수 있고, 공격적이고 난폭한 성격이어도 왕따가 될 수 있다. 따돌림과 괴롭힘의 이유에 타당한 인과관계가 성립하지 않기에 그 무엇도 이유가 될 수 있는 것이다.

영화 〈우아한 거짓말〉의 여리고 작은 소녀 '천지'(김향기)는 소심하고 착한 아이다. 그 소심함과 착함이 따돌림과 집단 괴롭힘의 원인이 되었다. 천지는 충돌에 익숙하지 않아 그냥 참아버리는 아이로 묘사된다. 이런 아이 하나쯤 왕따로 만드는 건 '식은 죽 먹기'라고 한다. 상대가 만만하다 싶으면 못 잡아먹어서 안달인 아이였던 '화연'(김유정)이 적극적으로 교묘하게 천지를 괴롭혔고 다른 아이들은 동조하거나 방관했다. 영화 속에서 묘사된 몇몇 에피소드는 깜찍하고 무서운 아이들의 모습을 잘 보여준다. 화연은 중국음식점을 하는 자신의 집에서 생일파티를 하면서 천지에게만 한 시간 늦은 약속 시간을 알려준다. 지난해에도 그랬기에 천지는 이번에도 그렇다는 걸 알고 있지만 별다른 질문이나 저항 없이 한 시간 늦게 모임장소에 들어온다. 이미 먹다 남은 음식들만 펼쳐진 상태에서 천지는 짜장면을 삼키고 다른 아이들은 천지 앞에서 보란 듯이 천지를 제외한 단체 카톡을 하면서 천지를 비웃는다.

영화 속에서 이루어진 은밀한 따돌림과 집단 괴롭힘을 보면서 '왜'라는 질문은 의미가 없다는 것을 알게 된다. 이유가 있어서 무리에 섞이지 못하는 것이 아니라 무리에 섞이지 못했기 때문에 이유가 만들어진다. 따돌림과 괴롭힘을 당하면서 이유가 만들어지는 것이다. 그렇다면 천진난만하고 순수해야 할 아이들은 왜 그렇게 무서운 아이들이 되었을까? 아이들은 어른들의 나쁜 짓을 쉽게 모방한다. 힘의 역학관계와 권력의 서열관계도 재빨리 파악한다. 누구 옆에 붙어야 유리한지, 누가 만만한지도 어렵지 않게 터득한다.

대부분의 학교에서 존재하는 집단 따돌림은 '비폭력을 위한 최선의 방법은 희생양을 하나 뺀 모든 사람의 일치'라는 르네 지라르의 언술을 상기시킨다. 이것은 홉스의 '만인 대 만인의 투쟁'보다 교묘하고 세련되어서 더 잔인한 인간세계 속 정글을 만든다. 자연 상태에서 포식자는 배가 고플 경우에만 피식자를 잡아먹는다. 생태계의 균형도, 인간이 개입하기 전까지는, 일정하게 유지된다. 먹이사슬의 위계는 확고부동하여 역전은 거의 일어나지 않는다. 인간세계는 이와 다르다. 누가 희생양이 될지 정해져 있지 않다. 만만한 약자가 희생양이 되겠지만 어제의 강자가 오늘의 약자가 되고 어제의 가해자가 오늘의 피해자가 되는 일은 드물지 않다.

가족의 웃음으로도 구할 수 없을 만큼 천지에게
또래의 은밀한 따돌림과 괴롭힘은 치명적인 것이었다.

〈우아한 거짓말〉의 화연 역시, 천지의 죽음 이후, 천지가 받았던 은밀한 따돌림을 받아야 할 처지가 된다. 희생양이 사라지면 또 다른 희생양이 등장한다. 희생양에게 집중하는 동안 희생양을 제외한 다른 사람들은 단결하게 되고, 문제의 진짜 원인은 묻히게 된다. 무엇이 문제인가는 사실상 중요하지 않다. 나만 희생양이 안 되면 된다. 이것은 인류의 역사를 통해 지배계층이 자신들의 안위를 위해 사용해온 기본적인 지배전략이기도 하다. 고대의 희생양 제의가 그러했고, 중세의 마녀사냥이 그러하다. 마녀사냥은 지금도 변주되어 반복된다. 아이들의 교실은 그 축소판이다.

여기에 학교라는 특수성과 미성년자라는 보호막이 존재한다. 그 보호막은, 안타깝게도, 피해자가 아닌 가해자를 위해 작용한다. 잔인한 폭력을 행사하고도 미성년이라는 이유로 용서받거나 가벼운 처벌로 끝나는 것이다. 경쟁사회에서 부모들은 자신의 아이가 남의 아이를 밟고 올라가기를 바라며, 피해자가 되기보다는 차라리 가해자가 되기를 바란다. 이런 상황에서 아이들은 스스로 괴물이 되어간다. 화연은 그저 '장난'을 좀 친 것뿐이라고 말한다. 집단폭행이나 성폭행 같은 잔혹한 폭력이 있었던 것도 아닌데 자살이라는 극단적 선택을 한 천지를 이해할 수 없다는 반응도 존재한다. 나약한 부적응자로 낙인찍는 것이다. 장난도 낙인도 폭력이다. 화연이 앞장섰다고 해서 화연만이 가해자인 것은 아니다. 방관도 가해이다. 중학생인 천지에게 또래 집단이 가지는 막강한 힘을 생각하면 더욱 그러하다.

정글의 법칙이 아닌 다른 법칙도 있다.

방관자 중에도 여러 유형이 있다. 자신이 피해자가 아니라면 그 상황을 재미있어하며 즐기는 경우도 있고, 무신경한 경우도 있다. 피해자를 도와주고 싶어도 자기 역시 무리의 눈 밖에 나는 왕따가 될 수 있다는 두려움 때문에 침묵하기도 한다. 어떤 경우이든 방관은 가해자에게 힘을 주고 피해자에게는 절망을 느끼게 한다. 악행에 대해서 누구도 뭐라고 하지 않는다면 가해자는 마음껏 악행을 계속할 수 있으며, 아무도 도와주지 않는 상황에서 피해자는 체념할 수밖에 없다. 방관하는 분위기가 사회전체에 만연하게 되면 나와 내 가족이 피해자의 입장이 되었을 때도 그 누구도 적극적으로 나서지 않을 것이다. '착한 사마리아인의 법'이 필요한 이유도 여기에 있다. 단 한 명의 친구라도 있었을 때 천지는 그나마 견딜 수 있었지만 그 친구조차 천지가 알 수 없는 이유로 천지에게 상처를 주자 결국 천지는 삶의 의지를 놓아버렸다.

피해자에게 일정 부분 책임을 묻는 것 역시 직접적인 폭력 못지않게 가혹한 폭력이다. 영화 속에서 천지의 소심함이나 인내심은 '미움함'이라는 비난의 언어로 비수처럼 날아온다. 피해자의 가해자화나 가해자의 피해자화를 경계해야 한다. 예를 들어 성범죄 피해자의 옷차림이나 귀가 시간을 문제 삼는 '피해자의 가해자화'는 이미 그 자체로 폭력이며 2차 가해가 된다. '술이 문제'라든가 '심신 미약'이었다든가 상처 많고 버려진 사람이었다는 식의 '가해자의 피해자화' 역시 문제의 본질을 흐린다. 여기서 피해자는 한 번 더 상처를 입게 된다. '우리 모두의 책임'이라는 무책임한 발언도 경계해야 한다. '모두의 책임'이라는 말은 그럴듯하지만 실상 아무도 책임지지 않는다는 뜻이기 때문이다. 섣부르게 용서를 강요하거나 화해를 주장하는 것 역시 '우아한' 폭력이 될 수 있다. 용서는 전적으로 피해자의 권리이며 용서는 또한 강자만이 할 수 있는 것이기도 하다. 영화 〈우아한 거짓말〉에서는 용서의 불가능함을 얘기하면서 성급하지 않게 용서와 화해의 가능성도 열어 보이는 것이 무척 인상적이다.

천지와 화연

천진난만하고 착한 소녀 천지.
천지가 뜬 목도리는 천지의 유서를 숨긴 실타래가 되었다.

　화연은 전학생 킬러였다. 자신의 영역에 새로운 개체가 들어오면 무리
들은 그 대상이 만만한지 그렇지 않은지를 탐색하고 만만하면 그 개체를
향한 공동의 폭력을 행사한다. 누군가 먼저 공격을 시작하기만 하면 그것
이 시동에너지가 되어 일제히 폭력적인 집단의 광기가 발현되는 것이다.
집단의 폭력도 개인의 행동이 시발점이 된다. 누군가가 먼저 돌을 던지기
시작해야 두 번째 세 번째 돌을 던지는 사람이 생기고 환호하거나 방관하
며 집단의 광기가 폭발한다. 적극적으로 괴롭힌 가해자에게 가장 많은 단
죄가 이루어져야 하겠지만, (소극적 동조였든 적극적 동조였든) 동조자나
방관자 역시 가해자가 아닐 수는 없다. 〈우아한 거짓말〉에서 적극적인 가
해자 화연을 위시한 집단의 폭력은 울 것 같은 표정의 소녀, 천지를 죽게
했다.

만만하면 괴롭혀도 되는가? 흔히 '약육강식' '적자생존'을 말한다. 그 것이 정글의 법칙이라고도 한다. 하지만 '적자생존'이 곧 '약육강식'은 아니다. 또한 인간사회는 정글과는 달라야 한다. 정글에서는 강자만이 살아 남는다고 해도 인간사회에서는 약자도 잘 살 수 있어야 한다. 식민지배와 인종차별, 계급차별을 합리화 한 스펜서의 '사회진화론'이 위세를 떨친 적도 있지만 인류는 '진화'만 해 온 것이 아니라 '진보'해왔다. 자연 상태에서 생존에 적합한 자가 아니어도, 약자여도 살 수 있도록 하는 것이 정치이고 사회제도이고 복지이며 그것이 진보라고 나는 생각한다. 약자는, 내가 온정과 시혜를 베풀어야하는 동정의 대상이 아니다. 나와 함께 이 세상을 살아가야 하는, 존중받아야 할 동행이다. 나 자신이 어떤 상황에서는 약자의 입장이 될 수 있다는 것을, 언제든 피해자가 될 수 있다는 것을 인식해야 공존의 가능성이 열린다. 방관과 침묵이라는 우아한 폭력이 부메랑처럼 내게 돌아올 수 있다.

〈타이타닉〉(감독 제임스 카메론, 1997)

세월호 이후 '타이타닉'은
더 이상 사랑영화가 아니다

재난 속에서 더 선명하게 드러나는 얼굴들

많은 사람들이 블록버스터 재난영화를 즐겨 본다. 지진해일이나 화산폭발, 거대한 배의 침몰이나 비행기 납치, 심지어 괴생물체의 출현이나 우주인의 침공 등, 현실이라면 참혹하기 이를 데 없는 장면들을 스펙터클로서 즐길 수 있다. 컴퓨터 그래픽 기술력으로 인해 점점 더 볼거리는 화려해지고 웅장해진다. 그러나 재난영화를 통해 얻는 감동은 극한 상황 속에서 확인할 수 있는 인간애(人間愛)에 있다.

영화 〈타이타닉〉은 많은 사람들에게 재난영화로서 기억되기보다는 감동적인 사랑이야기로 각인되어 있다. 초호화여객선 1등실 승객인 로즈(케이트 윈슬렛)와 3등실 승객 잭(레오나르도 디카프리오)의 계층을 초월한 사랑이 배의 침몰 상황에서 긴박하면서도 감동적으로 전개된다. 비행하듯 수면을 가로지르는 거대한 배 위에 선 아름다운 연인들의 모습과 배경음악의 선율을 많은 사람들이 기억한다. 집안을 위해 정략결혼을 해야 했던 로즈에게 가슴 뛰는 진짜 삶이 어떤 것인지를 보여준 잭은 죽어가면서까지 로즈를 살리려 애썼다. 로즈는 그런 잭의 마음을 알기에 살아남아서 잭을 기억 속에 간직한 채 열정으로 가득 찬 생을 살았다. 너무도 아름다운 배우의 눈빛이 사랑하는 사람을 살리려는 간절함을 전달하는 이 영화는 전 세계적으로 큰 반향을 불러일으켰다.

그러나 세월호 사건 이후, 더 이상 영화 〈타이타닉〉이 낭만적인 사랑 이야기로 연상되지 않는다. 거대한 배가 완전히 침몰할 때까지 정복차림으로 기관실에 있다가 배와 함께 바다로 가라앉은 타이타닉호 선장의 비장한 모습과, 맨발과 속옷차림으로 승객보다 먼저 해경의 구명정에 오르던 세월호 선장의 모습이 오버랩 된다. 승객들을 안정시키기 위해 갑판 위에서 연주하는 실내악단의 음악을 들으면서 바다 속으로 사라질 준비를 했던 타이타닉호 설계자의 회한에 찬 표정과, 승객을 버리고 탈출했던 세월호 선원들의 대비되는 모습도 참담하기 이를 데 없다.

승객들을 구조할 생각도 의지도 없었다면, 선실 안에 가만히 있으라는 안내방송조차도 하지 않았다면 좋았을 것이다. 그랬다면 어린 학생들이 구조를 기다리며 선실 안에서 죽음을 맞지 않았을 것이다. 승객들이 모두 갑판 위로 몰려나와서 혼란스러워질 것을 우려했다면, 선장과 선원들에게 승객들은 무엇이었을까? 평형수를 버리고 짐을 더 실으라고 지시한 사람들에게는 승객의 안전보다 돈이 더 중요했으며, 세월호의 선장과 선원들에게 승객들은 배에 실린 짐들과 다를 게 없었던 게 아니었을까.

영화 〈타이타닉〉은 실화를 바탕으로 만들어졌다. 1912년 타이타닉호의 침몰원인은 무리한 욕심과 교만에 있었다. 첫 출항인 타이타닉호의 위용을 보여주려는 과시욕 때문에 빙산위험경고를 무시하고 속력을 냈다. 구명보트를 전체 승객의 절반만 태울 수 있을 만큼만 구비한 것도 타이타닉호가 침몰할리 없다는 교만 때문이었다. 하지만 사고 후에 보여준 모습들에서는 인간정신의 위대함을 엿볼 수 있다. 구명보트에 여자들과 아이들을 먼저 태웠다는 얘기는 유명하다. 1등실의 신사들이 3등실의 여자들과 아이들에게 기꺼이 구명보트의 자리를 양보했다고 한다. 승객들을 위해 마지막

차가운 바닷물에 몸을 담근 채 로즈를 지탱해 주고 있는
잭과 구명조끼를 입은 채 나무판자 위에 있는 로즈

연주를 했던 실내악단의 이야기도 실화이고, 혼자 구명보트에 타는 것을 거부하고 남편과 함께 마지막을 함께 했던 대부호 스트라우스 부부의 이야기도 실화이다. 뉴욕 맨해튼 중심가에 백화점을 소유한 스트라우스 부인은 구명보트에 타라는 권유에 자신의 하인을 대신 태우고 '더 이상 필요하지 않게 될' 모피코트까지 건네주었다는 목격자의 증언이 전해진다.

이렇듯 삶과 죽음이 결정되는 극한의 상황 속에서는 인간 이기심의 민낯이 그대로 보이기도 하지만 반면 인간의 위대함이 발견되기도 한다. 세월호의 선장은 승객은 안중에도 없이 먼저 탈출했지만 승무원인 박지영과 아르바이트 직원이었던 김기웅, 정현선은 승객들을 구조하려다가 목숨을 잃었다. 제자들을 먼저 탈출시키려다 희생된 열 두 명의 단원 고등학교 교사들도 있다. 탈출하지 못하고 수장된 학생들도 마지막까지 서로를 위로하며 사랑하는 사람들을 떠올렸을 것이다.

세월호 이후 '타이타닉'은 더 이상 사랑영화가 아니다

왜 국가가 존재하는가?

타이타닉호는 대서양 한 가운데에서 침몰했다. 해경이 출동할 수도 없었고 구조헬기도 올 수 없는 곳이었다. 탑승객 2,223명 중에서 구명보트에 탈 수 있었던 절반만이 생존했고 절반은 죽을 수밖에 없었다. 세월호는 육지와 가까운 바다에서 침몰했다. 해경도 출동했고 헬기도 올 수 있는 곳이었다. 배가 완전히 가라앉기 전에 구조할 수 있는 시간이 충분했다. 그러나 선실 안에서 구조를 기다리던 사람들 중 단 한 명도 구조되지 못했다. 재난구조시스템이 엉망이었고 관계자들은 모두 무능했고 소극적이었다.

우리는 아이들이 수장되는 모습을 잔인하게도 생중계로 지켜봐야 했다. 무기력하게. 아무 것도 하지 못하고. 이후 일련의 사태들은 희생자와 유족들에게 더 큰 인내심을 요구하는 것이었으며 심지어 그들을 모욕하는 것이었다. 권력의 핵심과 측근에 있는 사람들은 그들의 안위만이 중요했다. 여기서 국가는 왜 존재하는가? 라는 질문을 던지지 않을 수 없다. 때로 아나키즘이 매혹적으로 다가오지만 그래도 우리는 정부를 구성하고 세금을 내며 권력을 부여한다. 자력구제보다는 전문가로 구성된 행정집단에 일을 위임하는 게 낫다고 생각하기 때문이다. '눈에는 눈, 이에는 이'라는 개인적인 복수보다는 형법과 사법부에게 대리처벌을 맡기는 게 문명이라고 생각하기 때문이다. 국가는 국민의 안전을 보장해야 한다. 외국에 주재하는 대사관 직원들은 지위고하를 막론하고 외국에서 곤경에 처한 자국민을 위해서 일해야 한다. 이 당연한 사실을 권력을 위임 받은 이들은 너무 쉽게 망각하는 듯하다. 또한 긴급 상황에서조차 윗선의 지시 없이는 아무 것도 하지 못하는 사람들이 너무도 많다. 명령어가 있어야만 작동하는 기계와 무엇이 다른가. 스스로 판단할 수 없고 스스로 판단을 해서도 안 되는 것이 현재 대한민국 공직 시스템이라면 이는 매우 심각한 문제이다. 새로운 선례를 만들지도, 만들 생각조차 하지 못하고 주어진 조건에 순응하라고 말하고 순응하려고 애쓰는 현재 대한민국의 분위기와 세월호 사건이 과연 무관할까?

참사가 넘치는 사회에서는 누구도 안전하지 않다. 내 아이를 지키기 위해서는 다른 아이들도 지켜야 한다. 그러기 위해서 우리는 무엇을 해야 하는가. 시스템도 결국 인간이 만드는 것이다. 자격 있는 사람이 적재적소에 배치되어야 하고, 인간이 부속품이 되어서는 안 된다. 조직의 부속품에 불과한 사람은 스스로 판단하고 결정할 수 없고 책임도 지지 않으려 한다. 반면 주인이 된 한 사람의 힘은 결코 작지 않다.

〈와즈다〉(감독 하이파 알 만수르, 2012)

'신의 뜻'도 꺾이게 만든
그녀의 자전거

한 편의 영화가 세상을 바꿀 수 있다

이슬람의 딸들이 착용하는(착용해야 하는) 여러 종류의 베일들(부르카, 니캅, 차도르, 히잡)은 무슬림의 종교적 신념과 여성 억압을 상징한다. 영화 〈와즈다〉에서 재현된 사우디아라비아 여성들의 삶은 부르카 속에 갇혀 있다. 21세기인 지금 현재에도 사우디의 여성들은 운전을 할 수 없으며, 투표권 같은 시민으로서의 기본권을 부여받지 못했고, 남성보호자가 동행하지 않으면 여행도 할 수 없다. 법정에서 여성의 증언은 남성의 증언의 절반만의 효력을 가지고 사고를 당했을 때 보상도 여성은 남성의 절반만 받을 수 있다. 수많은 비합리적인 억압과 차별 속에서도 깜찍한 소녀 와즈다(와드 모하메드)는 꿈을 꾼다. 와즈다는, 자전거를 타고 자신에게 짓궂은 장난을 치고 달아나는 압둘라(압둘라만 알고하니)에게 자극받고 압둘라와 자전거 시합을 하고 싶어 한다. 하지만 사우디아라비아에서 여자는 자전거를 탈 수 없다. 와즈다의 엄마(림 압둘라)는 여자가 자전거를 타면 처녀막이 훼손되고 아이를 낳지 못한다며 와즈다의 꿈을 묵살한다. 와즈다의 엄마는 와즈다를 낳을 당시 난산으로 고생했고 더 이상 아이를 낳지 못해서 남편이 새 아내를 맞을까 노심초사한다. 사우디아라비아는 일부다처제 국가이고 남아선호사상이 강하다. 여성이 직업을 갖

감독 하이파 알 만수르

는 것도 극히 제한되어 있다. 때문에 여성이 독립적으로 살기 힘든 구조
이다. 영화 속에서 이러한 실상이 잘 드러난다. 와즈다의 엄마는 짧은 머
리를 좋아하지만 남편이 긴 머리를 좋아하기에 머리를 자르지 못하고 아
침마다 긴 머리를 정성들여 손질한다. 남편의 생활비 부담을 덜어주고자
직장에 나가지만 먼 통근거리와 운전기사의 무례함에 힘들어한다. 가까
운 곳에 조건 좋은 직장이 있지만 질투가 심한 남편 때문에 남자들과 함
께 일하는 직장에는 지원하지 않는다. 남편의 환심을 사기 위해 붉은색
드레스를 사려고 돈을 모은다.

숨 막히는 규율과 억압에도 불구하고 영화 〈와즈다〉의 분위기는 밝고
유쾌하다. 와즈다는 스스로 자전거를 사기 위해 노력한다. 색실로 팔찌를
만들어서 친구들에게 팔기도 하고, 연애편지를 전달해주는 심부름을 하
면서 심부름 값을 챙기기도 한다. 이 과정이 무척 귀엽고 유쾌하게 연출

이슬람 율법에 따른 의식을 행하는 와즈다와 엄마.
율법은 여성들의 삶을 속박하고 억압한다.

되어 웃음을 자아내게 하지만 자전거를 사기에는 턱없이 부족하다. 와즈
다는 코란 암송 대회에 나가기로 결심한다. 상금을 염두에 둔 것이다. 대
회를 준비하는 와즈다에게 남자친구인 압둘라는 헬멧을 선물한다. 결국
와즈다는 코란 암송 대회에서 일등을 했지만 교장에게 상금을 빼앗긴다.
상금으로 무엇을 할 거냐는 질문에 솔직하게 답한 것이 화근이었다. 와즈
다의 아버지는 딸이 자랑스럽다고 말하지만 아들을 낳기 위해 두 번째 결
혼식을 거행한다. 와즈다와 그녀의 엄마에게는 가장 참담한 날이지만 멋
진 반전이 마련된다. 와즈다의 엄마가 긴 머리를 자르고, 붉은색 드레스
를 사려던 돈으로 와즈다의 자전거를 사 온 것이다. 네가 세상에서 가장
행복했으면 좋겠다고 말하면서 와즈다를 포옹하는 엄마의 머리 위로 폭

와즈다가 가지고 싶어 하는 자전거.
와즈다는 자신의 꿈을 포기하지 않고 끝내 실현시켰다.

죽이 터진다. 그 폭죽은 남편의 두 번째 결혼식 축포였지만 그 순간에는
다른 의미를 가진다. 부르카 자락을 휘날리며 자전거를 타는 와즈다의 행
복한 표정은 관객도 미소 짓게 할 만큼 사랑스럽다. 여성 억압의 상징인
부르카도 와즈다의 질주를 막을 수 없었다.

〈와즈다〉는 영화촬영이 금지된 사우디아라비아 현지에서 촬영되었
다. 사우디아라비아 최초의 영화이며 사우디아라비아 최초의 여성감독의
영화이다. 하이파 알 만수르 감독은 영화에 현장감을 부여하기 위해 사우
디아라비아 올 로케이션을 감행했다. 이슬람 근본주의자들의 위협과 테
러협박까지 있었지만 5년 동안 꿋꿋하게 촬영하여 영화를 완성했다. 사
우디에서는 여성이 공공장소에서 남성들과 얘기할 수 없기에 감독은 차
안에서 모니터를 보면서 무전기로 제작진에게 지시를 내렸다고 한다.
2012년 제69회 베니스국제영화제에서 처음 공개된 영화 〈와즈다〉는 단
번에 주목받았다. 사우디아라비아 여성들의 현재 삶을 보여주면서도 유

쾌한 캐릭터를 형상화하며 희망을 제시했기 때문이다. 베니스국제영화제에서 3관왕의 영예를 얻은 후에도 이 영화는 영국아카데미상, 로테르담국제영화제, 벤쿠버국제영화제에서 총 19개 부분에서 수상했으며, 한국에서는 2014년 전주국제영화제 폐막작으로 선정되어 큰 호응을 얻었다. 무엇보다 2012년 영화 첫 상영 후 바로 이듬해인 2013년 사우디아라비아에서 이슬람 율법을 수정했다는 것이 가장 놀라운 일이다. 영화의 엔딩에서 '이 영화를 통해 사우디아라비아의 여성들은 자전거를 탈 수 있게 되었다'는 자막이 영화의 힘을 보여준다.

문화상대주의의 딜레마,
절대적 가치는 없지만 보편적 가치는 있다

근본주의자들뿐만 아니라 많은 사람들이 '신의 뜻'을 참칭한다. 대부분 자신의 이익을 위해 자의적으로 교리를 해석한다. 그들은 기득권에 봉사하며 인간을 차별하는 것을 '신의 뜻'이라고 포장한다. 약자에 대한 강자의 침탈과 억압조차 '신의 뜻'이라고 말해서 물의를 일으킨 사람도 있다. 이슬람 근본주의를 내세우는 테러집단인 IS 역시 '신의 뜻'을 참칭한다. 그들에게는 수 십 만 민간인들을 죽이는 일조차 성전(聖戰)이 된다.

모든 종교의 교리는 그것이 처음 쓰일 당시의 시대적 사회적 배경을 고스란히 담고 있다. 종교 경전이라고 해서 시대적 한계에서 자유로울 수는 없는 것이다. 기독교의 경전인 성경 역시 인종 차별과 민족 차별, 성차별을 당연시하는 듯한 서술이 곳곳에서 보이는 한계를 가지고 있으며 신분제도와 침탈과 정복을 당연시하는 부분이 있다. 법학자이자 기독교 신자인 김두식의 언술처럼 성경의 일부분을 문자 그대로 가져온다면 리처드 도킨스의 『만들어진 신』의 주장처럼 하나님은 "시기하고 거만한 존재, 좀스럽고 불공평하고 용납을 모르는 지배욕을 지닌 존재, 복수심에 불타고 피에 굶주린 인종 청소자. 여성을 혐오하고 동성애를 증오하고 인종을 차별하고 유아를 살해하고 대량학살을 자행하고 자식을 죽이고 전염병을 퍼뜨리고 과대망상중에 가학 피학성 변태성욕에 변덕스럽고 심술궂은 난폭자"라는 결론에 이르게 된다. 그럼에도 불구하고 김두식은 종교는 비합리적이지만 사라질 수 없다고 말한다. 경전에 대한 해석에 따라 다른 결론을 낼 수 있음도 말한다. 사실 서구 기독교가 기득권층의 종교인 것만은 아니다. 또한 성서에 묘사된 예수 그리스도의 행적을 보면 예수님은 항상 그 시대에 가장 핍박받고 천대받는 자의 옆에 있지 않았던가. 중요한 것은 인간이 만든 교리에 시대적 한계와 오류가 있을 수 있음을 인정하고 종교의 근본정신이 무엇인지를 질문하는 자세이다.

이슬람 국가들 역시 '종교의 과잉'으로 고통 받고 있다. 특히 여성들의 고통이 지대하다. 문제는 여성에 대한 억압을 '율법'으로 지정하고 그것을 '신의 뜻'으로 포장하는 것이다. 그렇게 되면 바꾸기가 무척 어렵다. 하지만 무슬림 율법으로 정한 '차별'은 종교도 문화도 아닌 지배와 피지배, 힘의 역학관계로 봐야 한다. 무슬림의 율법도 정권의 성격에 따라 유동적이었다. 고정불변의 절대가치가 아니다. 이슬람 최초의 노벨평화상 수상자인 시린 에바디의 자서전 『히잡을 벗고 나는 평화를 선택했다』(원제 Iran Awakening)를 읽어보면 이런 사실들이 실증적으로 제시된다. 시린 에바디에 의하면 지금 이란의 여성들은 히잡을 착용하고 있지만, 그녀의 유년시절에는 지금과 같이 히잡이 의무화 되어있지 않았기 때문에 모든 여성이 히잡을 착용하지는 않았다. 이것은 1920년대에 있었던 근대화

정책의 영향 때문이며 이시기에는 여성 해방운동이 진행되었고, 그 결과로 히잡과 같은 전통 베일은 오히려 착용이 금지되었다고 한다. 시린 에바디의 부모님은 남녀평등의 가치관을 가지고 있었기 때문에 그녀는 자신이 남동생과 성별로 인한 차별을 겪지 않았다고 말한다. 시린 에바디는 테헤란 대학교 법과 대학을 우수한 성적으로 졸업하고 판사가 되었다.

그러나 1979년 호메이니가 일으킨 이란 이슬람 혁명 이후 시린 에바디는 판사직에서 강제로 물러나야 했다. 이슬람 근본주의 강경 보수파의 주도로 여성의 권리는 철저하게 억압당하게 된다. 또한 이 시기에 제정된 이란 이슬람 형법은 가혹할 정도로 성차별적이어서 이후 그녀는 이란에서 여성 억압에 대항하여 투쟁하는 삶을 살게 된다. 이란 이슬람 형법의 비합리성과 차별성 그리고 가혹함을 단적으로 보여주는 사례들을 보면, 동성애 관계인 소년들을 공개 태형 후 교수형에 처한다거나 혁명에 대한 말실수로 처형당하는 등 문명국가라면 있을 수 없는 일들로 가득하다. 특히 여성은 처형 전에 강간당하는 경우가 많은데 이슬람교에서 처녀는 천국으로 간다고 믿기 때문에 여성을 저주하는 의미를 담아 강간을 자행하는 것이다. 이런 야만적인 일들이 '신의 뜻'으로 포장되어 행해져왔다. 명예살인 역시 마찬가지이다. 시린 에바디는 선택받은 환경에서 자란 엘리트이기에 서구세계로 망명하여 편하게 살 수도 있었지만 인권 변호사로서 무료 변론을 맡아서 불합리하고 폭력적인 이슬람법과 맞서 싸웠다. 그 과정에서 암살의 위협도 있었고 심지어 감옥에 수감된 적도 있었으나 그녀는 이란에서 인권을 위해 헌신했고 그런 그녀의 노력에 노벨평화상이 주어진 것이다. 그녀는 이슬람이라는 종교가 결코 여성을 억압하기 위한 종교가 아님을 말하고 있다. "다른 종교와 마찬가지로 이슬람 역시 해석에 근거하고 있기 때문에 해석하기에 따라 여성을 압박할 수도 자유롭게 만들 수도 있는 것이다."라고 말한 시린 에바디는 이슬람 법전을 뒤져 이슬람의 평등주의를 강조한 부분을 찾아 대적하는 방식을 썼다.

그렇다면 비무슬림 외부인이 이슬람 국가들의 가혹한 인권탄압과 차별, 여성에 대한 억압에 대해서 문제제기 하는 것은 조심스러워야 하는 일일까? 문화상대주의는 어느 선까지 유효할까? 해당 문화가 발생한 지역의 사회적 역사적 맥락을 고려하여 타문화를 이해하는 문화상대주의는 문화를 연구하는 기본 태도로서 여전히 유효하다. 또한 문화상대주의가 서구문화중심주의에 대한 반성에서 시작되었다는 것도 의미 있다. 하지만 문화상대주의는 심각한 자체모순과 문제점을 가지고 있다는 것도 주지의 사실이다. 여러 가지 심각한 사안들이 있지만, 우선 무슬림의 종교적 신념이자 여성 억압의 상징인 '히잡'에 대해서 생각해보자. 2004년 프랑스에서 공립학교 등의 공공장소에서 히잡 착용을 금지시키는 법안을 통과시켰다. 무슬림들은 거세게 반발했고 프랑스의 결정이 문화상대주의와 종교의 자유에 반(反)하는 것이라고 소리 높여 주장했다. 얼핏 보기에는 문화상대주의와 종교의 자유를 내세운 무슬림들의 주장이 옳게 느껴질 수 있지만 그들의 주장에서 상당히 모순된 점을 발견할 수 있다. 프랑스의 한 공립학교 교사가 쓴 글을 보면 프랑스의 공립학교는 프랑스의 가치를 가르치는 곳이라고 전제한다. 프랑스의 가치란 프랑스 국기인 삼색 깃발이 상징하듯 '자유' '평등' '박애'이다. 프랑스인이 볼 때 '히잡'은 여성에 대한 억압을 상징하기에 프랑스의 가치에 비추어본다면 도저히 용납할 수 없는 것이다. 문화상대주의의 측면에서 '히잡'이라는 무슬림의 전통이 존중받아야 한다면 '히잡'을 용납할 수 없는 프랑스의 가치와 프랑스의 문화 역시 존중받아야 하는 것이다. 이 두 존중받아야 할 문화가 충돌할 때 문화상대주의는 어떤 답을 줄 수 있을 것인가. 더군다나 엄연히 프랑스의 영토 내에서 말이다. 이슬람 국가에서 '문화상대주의'를 내세운다면 이슬람 국가를 방문하는 이교도 여성들이나 이국의 여성들에게 자신의 영토 안에서 히잡 쓰기를 강요하지 않아야 한다. 자신들의 영토 안에 들어온 비무슬림 여성들에게 히잡 쓰기를 강요하면서 다른 나라의 영토 내에서 문화상대주의와 종교의 자유를 내세워서 히잡을 쓰겠다고 주장하는 것은 명백한 모순이다. 또한 유일신을 내세우는 종교의 교리와 '종교의 자유'는 양립하기 힘들다. 유일신을 내세우는 종교에서는 필연적으로 다른 종교는 우상 숭배가 되기 때문이다.

히잡을 옹호하는 무슬림들은 히잡이 여성을 '억압'하기 위한 것이 아니라 여성을 '보호'하기 위한 것이라고 말한다. 너무도 어이없는 주장이라고 무시할 수도 있지만 한 번 진지하게 묻고 싶다. 무엇으로부터 보호하려는 것인가? 여성들이 온 몸을 검은 천으로 가리는 부르카를 입지 않으면 남성들이 강간의 충동을 도저히 억제하지 못한다는 말인가? 그 남성들은 이성(理性)도 판단력도 절제심도 없는 발정 난 수컷에 불과하다고 말하는 것인가. 만약 그렇다면 발정 난 수컷을 우리 안에 가두는 것이 진정한 '보호'가 아닌가. 강간은 성충동에 의해 일어나지 않는다. 권력이든, 지위이든, 신체적 힘이든 '힘'의 불균형과 사회문화적 분위기에 의해 발생한다. 부르카든 히잡이든 몸과 머리카락을 가리지 않는 여성을 비난하는 사회문화적 분위기야말로 여성을 보호할 수 없는 사회문화인 것이다. 경계에 섰을 때 또는 외부에서 더 분명하게 보이는 것들이 있다. 그렇다면 비이슬람국가에서 태어나고 자란 나의 눈에 비친 '히잡'은 어떤 의미인가. 선택인 듯 선택이 아닌, 신념인 듯 신념이 아닌 세뇌, 태어나면서부터 체화된 길들여짐의 의미로 다가온다. 나는 바람에 머리카락이 흩날릴 때의 느낌을 그들이 느끼기를 바란다. '자유'라는 추상적 개념이 내 몸에 닿는 실제적 체험으로 다가올 것이다. 영화 〈쇼생크 탈출〉(감독 프랭크 다라본트, 1994)에서 무고하게 감옥에 19년이나 갇혀 있었던 앤디 듀프레인(팀 로빈스)이 감옥에서 탈출한 후 비가 내리자 웃옷을 벗고 두 팔을 벌려 온 몸의 촉감으로 비를 맞을 때 그 비의 감촉이 '자유'의 생생한 느낌이었듯 말이다.

문화상대주의에 대해 논하면서 많은 이들은 '절대적' 가치와 '보편적' 가치를 혼동한다. "모든 시대와 사회를 포괄하는 보편적 가치는 없고 상대적 가치만 있을 뿐"이라고 주장하는 발언들은 사실상 '보편적'이라는 어휘를 잘못 이해하는 것이다. '절대적' 가치는 없으며 있어서도 안 된다. 절대적 가치는 바로 도그마가 되어 질문과 회의(懷疑)가 용납되지 않기 때문이다. 종교 역시 절대적 가치가 아니라 선택이 되어야 한다. 종교를 선택할 수 없을 때 종교는 절대군주가 되어 공포정치에 이용된다. 중세 유럽의 기독교가 그러했고 현재 대부분의 이슬람 국가들이 그러하다. 전통이나 관습 그리고 종교의 교리는 그것이 처음 만들어졌을 때 기득권층에게 유리하게 만들어졌다. 기득권층이 계속 그들의 기득권을 지키는 가장 쉬운 방법은 전통과 관습과 교리를 계속 지키게 하는 것이다. '전통'과 '관습'은 '미풍양속'이라는 허울을 쓸 때가 많고 '교리'는 '신의 뜻'이라는 외피를 쓴 채 질문과 회의를 죄악시한다. '누가' 만든 전통과 관습인지, '누구를 위한' 교리인지 생각해야 한다.

절대적 가치가 없다면 보편적 가치는 존재하는가? 인간이라면, 아니 생명을 가진 존재라면 대부분 가지고 있는 본성에서부터 추론을 시작하면 쉬울 것이다. 생명을 가진 존재라면 대부분 살고 싶어 하고 죽기 싫어하고, 고통 받기 싫어하고, 행복해지기 원하고, 존중받고 사랑받기를 바랄 것이다. 고통을 즐기는 사람도 있겠지만 '대부분'은 고통과 억압과 차별과 부당한 대우를 원하지 않는다. 이것이 '보편적'이라고 할 수 있을 것이며 여기서부터 '인권' '자유' '평등'의 개념이 파생된다. 이는 인종, 성별, 민족, 출신지역, 종교, 성적지향(性的指向)에 상관없이 모든 이들에게 '보편적으로' 적용되는 것이다. 하지만 인종, 성별, 민족, 출신지역, 종교, 성적지향 등에 따라 '보편적' 인권에서 제외된 사람들이 있었던 것이 인류의 역사이고 이를 바로잡으려고 노력했던 것도 인류의 역사이다. 이는 지금도 현재진행형이다. 성적지향에 따른 차별을 예로 들어보면, 이슬람 국가에서는 동성애자를 사형까지 시킬 정도로 극단적으로 혐오한다. 기독교도 대체로 (모든 기독교인들이 그런 것은 아니지만) 동성애를 죄악시한다. 대한민국도 동성애 혐오에 관해서는 인권후진국이라고 할 수 있다. 그런 가운데 반기문 UN 사무총장의 발언은 '보편적 가치'에 대해 명료한 답을 보여주고 있다. 반 총장은 2012년 12월 뉴욕 유엔본부에서 열린 '호모포비아(homophobia)에 대한 투쟁'이라는 한 행사에서 "성소수자들은 다른 모든 사람과 마찬가지로 권리를 가졌다. 이들 역시 자유롭고 평등하게 태어났다"며 "민주주의는 다양성 위에 번창하기에 정부는 편견을 부채질할 것이 아니라 편견과 맞서 싸울 의무가 있다"고 주장했으며 다음과 같이 선언했다.

"레즈비언, 게이, 양성애자, 성전환자에게 말합니다. 당신들은 혼자가 아닙니다. 당신들에 대한 모든 공격은 UN이 수호하기로 한 보편적 가치에 대한 공격입니다. 오늘 저는 당신들 편에 섭니다."

반 총장이 말한 'UN이 수호하기로 한 보편적 가치'가 바로 인권이고 자유이고 평등일 것이다. 또한 이는 '다양성 위에 번창하는 민주주의'와 연결된다. 그렇기에 인권, 자유, 평등, 다양성, 민주주의를 짓밟는 사회문화와 관습은 '신의 뜻'이라는 절대적 도그마를 내세워도 '문화상대주의'라는 미명을 내세워도 인정할 수 없는 것이다.

엄마는 제도다

영화 〈와즈다〉의 주인공은 유쾌하고 총명한 열 살 소녀 와즈다이지만 사실상 이 영화에서 가장 입체적인 인물은 와즈다의 엄마이다. 영화 중반부까지 와즈다의 엄마는 와즈다가 하려는 일들에 반대하고 와즈다를 이슬람의 관습에 구속시키려 했다. 그렇게 하는 것이 딸을 위한 것이라고 생각한 것이다. 사우디아라비아처럼 여성에게 선택지가 많지 않은 나라에서는 엄마로서 딸을 단속하는 것이 딸을 사랑하는 방식이라고 여겼을

애틋한 감정을 공유하는 엄마와 와즈다

것이다. 자신을 구속하고 억압하며 고통스럽게 했던 그 제도 속으로 딸을 밀어 넣을 때 엄마의 심정은 어떤 것일까. 김승희 시인은 다음 시(詩)에서 엄마의 갈등과 외침을 선명하게 드러낸다.

제도 - 김승희

아이는 하루 종일 색칠공부 책을 칠한다.
나비도 있고 꽃도 있고 구름도 있고
강물도 있다.
아이는 금 밖으로 자신의 색칠이 나갈까봐 두려워한다.

누가 그 두려움을 가르쳤을까?
금 밖으로 나가선 안 된다는 것을
그는 어떻게 알았을까?
나비도 꽃도 구름도 강물도
모두 색칠하는 선에 갇혀 있다.

엄마, 엄마, 크레파스가 금 밖으로
나가면 안 되지? 그렇지?
아이의 상냥한 눈동자엔 겁이 흐른다.
온순하고 우아한 나의 아이는
책머리의 지시대로 종일 금 안에서만 칠한다.

내가 엄마만 아니라면
나, 이렇게, 말해버리겠어.
금을 뭉개버려라, 랄라. 선 밖으로 북북 칠해라.
나비도 강물도 구름도 꽃도 모두 폭발하는 것이다.
살아 있는 것이다. 랄라.
선 밖으로 꿈틀꿈틀 뭉게뭉게 꽃피어나는 것이다.
위반하는 것이다. 범하는 것이다. 랄라.
나 그토록 제도를 증오했건만

엄마는 제도다.
나를 묶었던 그것으로 너를 묶다니!
내가 그 여자이고 총독부다.
엄마를 죽여라! 랄라.

　자신을 묶었던 그것으로 딸을 묶으려 했던 와즈다의 엄마는 자신의 모든 인내와 헌신에도 불구하고 남편이 두 번째 결혼을 하자 진정으로 딸이 행복해지기 위해서는 자신이 달라져야 한다는 것을 깨닫는다. 자신의 취향을 무시하고 남편의 취향에 맞춰서 길렀던 머리카락을 자르고, 남편의 시선을 잡아두기 위해 필요했던 붉은 색 드레스를 사려던 돈으로 그렇게나 반대했던 자전거를 사 온 것이다. 와즈다는 어리지만 처음부터 독립적인 자신에 대한 의식이 있었던 반면 엄마는 이제 자신을 죽이면서 살지 않기 위한 첫 걸음을 뗀 것이다. 와즈다의 아빠는 사실상 두 번째 결혼을 원한 것이 아니었다. 일부다처 사회이고 무엇보다 남아선호사상이 너무도 강한 문화여서 아들을 얻기 위해 두 번째 결혼을 강요하는 집안의 압박이 심했음이 영화 서사 진행 과정에서 드러난다. 여성에게 가혹한 사회 문화에서 아내와 딸에게 상처를 줘야 하는 남성 역시 행복할 수 없다. 마지못해 하는 결혼의 상대자인 두 번째 아내 역시 행복할 수 없을 것이다. 아들을 얻기 위해 도구화 된 여성의 삶이 주체적일 수도 행복할 수도 없다. 와즈다와 압둘라가 자전거를 타고 경주하는 영화 후반부에서 그 아이들은 변화하고 진보된, 열린 가능성의 세계를 만들 수 있으리라는 희망의 메시지가 전해진다.

지금 우리는?

2013년 세계경제포럼에서 발표한 성평등 지수에 따르면 사우디아라비아는 전체 조사국 중 127위이다. 충격적인 사실은 대한민국이 111위라는 것이다. 사실상 사우디아라비아의 풍경이 낯설게만 느껴지지는 않는다. 대한민국에서도 남아선호사상이 없어진 것은 최근의 일이고, 여성 운전자들은 도로에서 부당한 편견과 위협에 직면하는 경우가 있다. 딸들의 귀가시간은 단속하지만 아들들의 귀가시간은 단속하지 않는다. 딸이 피해자가 되는 것은 걱정하면서 아들이 가해자가 될 수도 있다는 생각은 하지 않는 것이다. 딸에게 피해자가 되지 않는 교육을 시키는 것보다 아들에게 가해자가 되지 않도록 교육을 시키는 것이 올바른 방향이다. 여성들의 노출에 대해 말이 많은 것도 부르카 못지않은 억압이고 구속이다. 여성들의 노출이 성폭력의 원인이라는 발언은 범죄의 피해자에게 책임을 전가하며 가해자에게 면죄부를 준다. 여성들의 옷차림에 간섭하고 여성의 신체에 대한 억압이 존재하는 한 대한민국은 사우디아라비아보다 인권선진국이라고 할 수 없다.

우리에게 필요한 것은 '왜 안 되는가?'라는 질문이다. '왜 여자는 자전거를 탈 수 없나요?'라는 질문이 변화의 시작이었다. 금기시 된 것들 중 많은 것은 타당한 이유가 결여되어 있다. 금기에 대한 저항이 인문정신이며, '전통'과 '관습'과 '신의 뜻'이라는 미명 하에 억압된 인간을 해방시키는 것이 진정한 휴머니즘이다. 오늘 문득 자전거 페달을 힘껏 밟고 싶다.

〈비긴 어게인〉(감독 존 카니, 2013)

당신이 듣는 음악이
당신을 말해준다

다시 시작해. 너를 빛나게 하는 노래를

전국 개봉관 스크린 수의 절반 이상을 차지한 영화 〈명량〉(감독 김한민, 2014)과 나머지 스크린의 절반 이상을 차지한 〈해적〉(감독 이석훈, 2014)의 틈새에서 선전하는 영화가 있다. 대규모 물량공세로 승부하는 블록버스터에 맞서 작품성으로 빛나는 아트버스터, 〈비긴 어게인〉이다. '다시 시작해. 너를 빛나게 하는 노래를'이라는 메인 카피가 인상적인 이 영화는 수많은 사람들에게 감동을 준 영화 〈원스〉(2006)의 감독인 존 카니의 신작이다.

〈원스〉에서는 서정적인 울림으로 스며들고 분출하며 심장을 건드리는 음악 자체가 주인공이었다. 〈비긴 어게인〉에서는 등장인물들의 갈등과 좌절과 희망의 서사 속에서 음악이 역동성을 더한다. 〈원스〉의 음악은 영화의 배경인 아일랜드와 닮아 있다. 침탈의 역사를 가지고 있고 영국과 미국으로 사람들을 떠나보내며 시간이 머물러 있는 것 같은 아일랜드의 수도 더블린, 느긋하고 섬세한 사람들의 슬픈 정조가 음악 속에 고스란히 스며들고 천천히 분출하는 버스킹의 도시에서 그들의 음악은 곧 그들의 삶이다. 〈원스〉는 아카데미 영화음악상을 수상했으며 독립영화의 새로운 지평을 열었다고 평가되는 영화이다. 한편 〈비긴 어게인〉의 음악은 영화의 배경인 뉴욕과 닮아 있다. 인종과 성장과정과 문화적 배경이 다양한 사람들이 모여 이루는 거대도시 뉴욕, 금융과 자본의 중심일 뿐만 아니라 문화산업의 중심지이며 자유와 기회의 땅인 한편 늘 바쁘고 어디서나 많은 돈이 필요한 대도시 뉴욕의 냉혹하지만 한편 다채로운 희망의 메시지가 음악을 통해 전해진다.

댄(마크 러팔로)은 성공한 프로듀서였다. 아내와 별거하고 딸을 잘 챙기지 못하면서 일에 매진했지만 자신이 모든 것을 바친 회사에서 해고당한다. 울분과 좌절의 패닉 상태에서 라이브 카페에 들어간 댄은 무대에서 노래하는 그레타(키이라 나이틀리)의 노래를 듣고 음반 작업을 제의한다. 그레타의 상황은 댄 못지않게 절망적이다. 영국 출신 싱어 송 라이터인 그레타는 남자친구 데이브(애덤 리바인)의 가수활동을 위해 매니저로서 뉴욕에 왔다. 가수로서 성공한 데이브가 다른 여자와 관계 했다는 것

뉴욕 거리 곳곳에서 연주하고 녹음하는 그레타와 댄

을 알고 그레타는 데이브를 떠나고 영국으로 돌아가기 전 뉴욕의 작은 카페에서 노래한 것이다. 이미 제작자로서의 힘을 잃은 댄과 뉴욕에 아무 연고도 없는 그레타의 합작이 성공할 수 있을 것인가.

이들은 뉴욕 곳곳에서 버스킹을 하면서 도시의 소음까지 그대로 녹음한 프로젝트 음반을 기획한다. 항상 바쁘고 시끄러운 도시 뉴욕에서 무모한 기획일 수도 있다. 하지만 음악은 진공에서 탄생하지도 진공에서 존재하지도 않는다. 노래하는 공간이 어디든 그 음악이 울려 퍼지는 순간 그 공간의 분위기까지 노래 속에 스며들어 음악을 완성한다. 같은 노래를 부르더라도 그 순간 그 공간의 공기에 따라 완성되는 음악은 달라진다. 시공간이 음악에 영향을 주고 음악이 시공간에 영향을 준다. "평범한 순간도 빛나는 진주처럼 변하게 만드는 것이 음악"이라는 댄의 대사처럼 말이다. 댄과 그레타는 연주를 맡아줄 사람들도 하나하나 모집하는데, 댄의 반항기 넘치는 십대 딸까지 참여하며 자연스럽게 부녀가 화해하는 계기까지 마련된다. 이제 뉴욕의 거리는 그들의 음악과 어우러져 그들이 입힌 색깔로 빛이 난다. 관객은 각 인물들의 사연과 뉴욕 곳곳의 풍경과 음악이 서로 스며들어 아름답게 완성되는 장면들을 보면서 동시에 음악을 듣는다. 이때 음악은 심장을 터치한다. 거대자본과 사람들의 배신에 상처받았던 인물들이 새롭게 꾸는 꿈이 음악 속에 버무려져 밀폐된 스튜디오 안이 아닌 뉴욕 곳곳에서 울려 퍼질 때 그 공간은 더 없이 사랑스러워진다. 시청각매체인 영화의 미학이 유감없이 발휘되는 영화이다. 이제 OST를 듣게 되면 영화 속 사람들과 뉴욕의 명소들과 그 영화를 볼 때 나의 상황까지 어우러져 여러 색채의 그리움을 만든다.

나의 삶은 어떤 음악을 닮아 있을까

〈비긴 어게인〉에서 인상적인 대사가 많이 발화되지만 그 중 가장 인상적인 대사는 "그 사람이 듣는 음악을 들으면 그 사람에 대해서 알 수 있다."는 댄의 말이다. 댄이 그레타의 휴대전화에 수록된 음악을 들으려 하자 그레타는 쑥스러워했으나 곧 함께 음악을 들으며 공감대를 형성한다. 이어폰 더블잭을 통해 같은 음악을 들으며 뉴욕의 거리를 누비는 두 사람의 모습은 서울의 풍경과 대비된다. 거의 모든 사람들이 스마트폰을 소지한 대한민국의 거리에서 많은 사람들이 귀에 이어폰을 꽂고 다닌다. 다른 사람이 무엇을 듣는지 알 수 없고 궁금해 하지도 않는다.

우리는 상대가 듣는 음악을 통해서가 아니라 그가 살고 있는 집을 통해 상대를 알려고 한다. "당신이 살고 있는 집이 당신이 누구인지를 말해준다."는 모 아파트 회사의 광고 카피가 있다. 이는 숫자에만 집착하는 한국사회의 초상(肖像)을 보여준다. 한국의 중산층 기준은 부채 없는 30평대 이상의 아파트와 2000cc 이상의 자동차를 소유하고, 월 급여가 500만 원 이상이어야 하며, 예금 잔고 1억 원 이상을 보유하고 1년에 1회 이상의 해외여행을 가는 것이다.

반면 미국의 공립학교에서 가르치는 중산층의 기준은 자신의 주장을 떳떳하게 할 수 있어야 하고, 사회적 약자를 도와야 하며, 부정과 불법에 저항하고, 테이블 위에 정기적으로 구독하는 비평지가 항상 놓여 있는 것이다. 영국 옥스퍼드 대학교에서 제시한 중산층의 기준은 '페어 플레이를 할 것, 자신의 주장과 신념을 가질 것, 독선적으로 행동하지 말 것, 약자를 두둔하고 강자에게 대응할 것, 불의와 불공평, 불법에 의연히 대처할 것'이다. 프랑스의 경우에는 외국어를 하나 정도는 할 수 있어야 하고, 직접 즐기는 스포츠가 있어야 하며, 악기를 하나 정도 다룰 줄 알아야 하고, 자신만의 요리를 할 줄 알고, 공분에 의연히 참여하며, 약자를 돕고 봉사활동을 꾸준히 하는 것이 중산층의 기준이라고 한다.

우리에겐 문화적인 환경이 필요하다. 우리가 섭취하는 음식이 우리의 신체를 구성하듯이, 우리가 듣는 음악은 우리의 영혼을 형성한다. 우리가 읽는 책과 신문은 정신세계의 기반을 구축하며, 우리가 보는 영화는 지식과 상상력을 확장시킨다. 편식이 신체의 건강에 치명적이듯, 문화상품의 편식도 정신건강에 치명적이다. 스크린 독점도 그래서 위험하다. 편협한 사고에서 탈피하기 위해, 무지로 인한 폭력에서 벗어나기 위해 가장 필요한 것은 다방면에 걸친 광범위한 인문적 교양이다. 우리가 체험하지 못한 세계를 이해하는 가장 좋은 방법은 책을 읽고 영화를 보는 것이다.

그런 의미에서 현재 대학들의 상황은 매우 우려된다. 많은 대학들이 교양과목을 줄이는 선택을 하고 있다. 인문학 학과들을 통폐합하는 대학도 있다. 단기적으로 비용절감의 효과는 있겠지만 장기적으로 보면 대학을 고사(枯死)시키고 사회를 척박하게 만들며 국가경쟁력을 약화시킨다. 다원성이 존중되는 민주주의 사회가 되기 위해서는 대화와 토론을 통해 협상하고 타협할 수 있는 훈련이 필요하다. 인문학 텍스트를 통해서만 습득할 수 있는 정서적 공감능력과 지적 통찰력이 있어야 가능한 일이다. 어떤 집에서 살고 어떤 차를 타느냐를 통해 상대방을 판단하기보다 향유하는 문화를 통해 상대를 이해하고 교감할 수 있어야 한다. 측은지심과 시비지심을 체화하는 것도 인문학적 훈련을 통해 가능하다. 인간은 숫자로 계량화해서 이해할 수 있는 존재가 아니다.

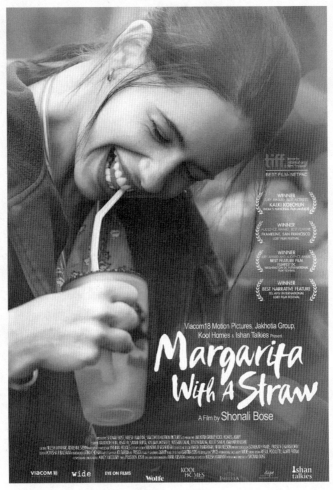

〈내 생애 첫 번째 마가리타(Margarita, With a Straw)〉
(감독 소날리 보세, 2014)

뇌성마비 소녀의 사랑은 '소수'의 사랑일 뿐

장애인 소녀의 문턱 넘기

해마다 10월이면 해양도시 부산에서는 '영화의 바다'가 펼쳐진다. 올해로 19회를 맞은 부산국제영화제의 가장 큰 매력은 영화제에서만 볼 수 있는 다양한 영화들에 있다. 특히 '아시아의 창' 섹션에서는 아시아 국가들의 다채로운 문화와 삶의 무늬들이 아로새겨진다. "상처는 빛의 통로다."라는 자막이 인상적인 인도 영화 〈내 생애 첫 번째 마가리타(Margarita, With a Straw)〉에서는 장애인 소녀의 성장의 서사가 섬세하게 전개된다.

주인공 라일라(칼키 코이클린)는 뇌성마비 장애인이다. 우리는 흔히 뇌성마비 장애라고 하면 지적장애가 동반될 거라고 생각하지만 지적장애를 동반하지 않는 뇌성마비 장애도 있다. 이 경우에는 근육의 움직임과 연결된 뇌의 손상으로 신체의 움직임에 장애가 있을 뿐 지적능력은 비장애인과 다르지 않다. 라일라 역시 휠체어를 타고 다니며, 말을 할 때 얼굴근육이 일그러지지만 총명하고 호기심 많은 소녀이며 글쓰기에 재능과 관심이 있다. 또한 라일라는 자신의 생각과 감정을 표현하는 것에 적극적이다. 전달 시간이 좀 더 걸릴 뿐, 지적으로도 정서적으로도 비장애인과 다를 것이 없다.

성과 사랑에 눈뜨는 소녀 라일라

그러나 세상은 그녀를 편견과 동정의 시선으로 바라본다. 라일라가 소속된 교내 밴드가 경연대회에서 우승했을 때, 사회자는 장애인 소녀가 작사한 곡을 연주했기에 우승트로피를 주었다고 말한다. 라일라는 상처받았지만 곧 탄력 있게 회복한다. 라일라는 사랑에 대한 갈망과 섹슈얼리티에 대한 관심도 숨기지 않는다. 밴드 보컬 남학생을 사랑하는 라일라는 그에게 자신의 마음을 고백하지만 그가 자신을 사랑의 대상으로 보지 않는다는 것을 깨닫는다. 보컬 남학생은 라일라에게 친절했지만, 그에게 라일라는 자신과 다르고 결핍되고 부족한 동정의 대상이었지 연인관계가 될 수도 있다는 상상조차 할 수 없는 장애인이다.

실의에 빠진 라일라에게 돌파구를 찾아주기 위한 어머니의 제안으로 라일라는 미국의 대학교로 유학 가고 그 곳에서 새로운 세계와 만난다. 라일라와 친구가 된 매력적인 여성 크눔(사야니 굽타)은 라일라에게 많은 영향을 끼친다. 두 사람은 인종차별반대 시위 현장에서 처음 만났다. 크눔은 시각장애인임에도 적극적이고 당당하게 세상을 바라본다. 그녀는 눈이 아닌 손의 감촉으로 대상을 본다. 크눔이 라일라의 얼굴을 세심하게 만지면서 라일라가 얼마나 아름다운 존재인지를 말하는 장면은 참으로 감동적이다. 늘 사랑을 갈구하지만 자신을 연정의 대상으로 바라봐 줄 사람은 없다는 생각을 하던 라일라에게 그녀가 사랑받기 충분한 아름다운 존재임을 눈이 아닌 손으로 대상을 바라보는 크눔이 깨닫게 해 준 것이다.

라일라를 처음으로 클럽에 데려간 사람도 크눔이다. 크눔은 콜라를 주문한 라일라에게 마가리타를 주문해준다. 마가리타는 단맛과 신맛과 쓴맛을 동시에 가진 칵테일로 알려져 있다. 라일라가 생애 처음으로 마셔본 알코올음료인 마가리타는 단맛만을 가진 청량음료인 콜라와 대비된다. 진정한 인생의 맛을 의미하며 첫 번째 경험에 대한 은유이고 새로운 세계의 체험을 통한 성장을 상징한다. 마가리타는 술잔을 들고 마시는 칵테일이지만 손의 근육을 사용할 수 없는 라일라는 빨대를 사용해야 한다. 이 영화의 제목인 〈Margarita, With a Straw〉는 이 장면과 관계있다. 손의 근육을 사용할 수 없어서 빨대를 이용한다고 해도 달고 시고 쓴 맛이 없어지지는 않는다. 누구에게나 잊을 수 없는 인생의 맛이 있다. 그 음식이나 음료를 먹고 마실 때의 분위기, 상황, 장소, 함께 했던 사람이 어우러져 추억으로 각인된다. 라일라에게 마가리타는 이니시에이션initiation 즉 통과제의의 의미가 있다.

크눔은 동성애자라는 자신의 정체성도 숨기지 않는다. 서로에게 매혹당한 크눔과 라일라는 우정을 넘어선 사랑과 섹슈얼리티를 공유한다. 이 영화는 장애인을 뭔가 부족한 사람으로 형상화 하지도 않지만 선하기만한 존재로 묘사하지도 않는다. 라일라는 시각장애인이 아닌 남학생과도 관계를 가진 후 남자와의 경험, 그리고 자신을 눈으로 바라보는 사람과의 경험도 가져보고 싶었던 마음을 숨기지 않는다. 이 부분에서 감독이 캐릭터를 이분법으로 단순화 하지 않는다는 것을 알 수 있다. 다수를 차지하는 비장애인들은 소수이자 불편한 핸디캡을 가지고 있는 장애인들을 무시하고 배척하거나 또는 그들을 착하고 순수하기만 한 사람으로 보기도 한다. 이는 모두 장애인을 비장애인과 다른 존재로 취급하는 것이다. 하지만 장애인이든 비장애인이든 같은 감정과 생각과 욕망을 가진 인간이며 다른 것이 있다면 개개인의 성향과 취향과 이상의 차이이지 장애인 대 비장애인의 집단 간 감정과 생각의 차이는 아니다. 라일라 역시 비장애인 소녀들이 가질 수 있는 감정과 생각과 호기심과 열망을 가지고 있으며 라일라 개인 고유의 성향을 가진 평범하면서 유일한 사람인 것이다.

누가 정상과 비정상을 말 하는가

라일라가 어머니에게 자신이 양성애자이며 크눔이 자신의 애인이라고 고백했을 때 어머니는 그건 정상이 아니라고 말한다. 라일라는 장애를 가진 자신에게도 사람들은 정상이 아니라고 말한다며 항변한다. 사회에서 다수를 차지하는 이성애자들은 소수인 동성애자들을 '비정상'이라고 말하는 경우가 많다. 심지어 '비정상'을 '정상'으로 '교정'해야 한다고 주장하기도 한다. '비정상의 정상화'는 현 정부의 정치적 수사(修辭)이기도 하다. 이때 정상과 비정상을 '누가' 규정하는가. 정상과 비정상을 규정하는 권력을 가진 쪽과 반대 지점에 있는 사람들은 '비정상'이 된다. 이성애자들은 다수이자 주류에 속하기 때문에 정상(正常)을 자처하며, 동성애자를 비정상(非正常)으로 규정하는 이들은 사랑이 다양할 수 있다는 것을 상상조차 하지 못한다. 동성애를 반대하는 근거들은 모두 합리성이 결여

되어 있다. '반대'한다는 언술이 성립할 수조차 없다. 붉은 색 장미가 다수라고 해서 보라색 장미에 '반대'한다고 할 수 없는 것과 마찬가지이다.

생식불가능성을 이유로 반대한다면 출산을 하지 않거나 못하는 이성애자들에게도 같은 돌을 던져야 한다. 에이즈를 근거로 내세우는 것은 무지의 소치이다. 에이즈는 HIV 바이러스가 원인이지 동성애가 원인이 아니다. 종교적 신념을 내세우는 논거 역시 설득력이 약하다. 특정 종교의 교리를 모든 사람에게 강요할 수는 없다. 무엇보다 종교의 기본정신은 소수자를 박해하고 탄압하는 것이 아님이 분명하다. 종교가 도그마가 되고 권력화 되었을 때 가장 큰 폭력이 될 수 있다. 동성 간 성폭력을 문제시하는 사람들은 '동성애'와 '성폭력'을 구별해야 한다. 남성이 여성을 성폭행하는 경우 그것은 이성애가 아니라 성폭력이다. 동성 간 성폭력 역시 동성애가 아니라 성폭력인 것이다. 동성애자들이 이성애자들과 얼마나 다른 것일까. 다르기는 한 것일까. 모르기 때문에 두려워하고 혐오하는 것이다. 무지에서 편견이 시작되고 무지와 편견은 폭력으로 이어진다. 때로 편견은 의도적으로 기획되고 조장되기도 한다. 대부분 기득권층에 의해서이며 정치적으로 이용되기도 한다.

동성 결혼 합법화에 반대하는 사람들은 가정의 가치를 내세운다. 가정의 가치는 배우자 간 신뢰와 애정을 바탕으로 가족구성원들이 행복한가 그렇지 않은가에 따라서 결정되는 것이다. 우리가 흔히 '정상' 가정이라고 규정하는 가정들 중에 폭력과 반목이 넘치는 경우는 아주 많다. '비정상' 또는 결손 가정이라고 규정하는 한 부모 가정에서 자라는 아이들이나 입양된 아이들도 충분히 사랑받으며 가정의 가치를 느끼며 살 수 있다. 오히려 그들이 불행해지는 것은 사회적 편견 때문이다. 동성 간 결합으로 구성된 가정도 마찬가지이다. 내가 느끼기에 낯설고 기이하다고 해서 싫어한다는 것은 유아적인 태도이다. 설령 동성애를 혐오하는 마음이 생기더라도 차별과 억압에는 반대하는 것이 성숙한 시민의 자세이다. 그 누구도 시민으로서의 권리에서 차별받지 않아야 한다. 너의 아이가 동성애자라면 좋겠냐는 일차원적인 질문 대신 그 누구도 불합리한 차별을 받지 않는 세상을 만들어야 한다는 인식이 필요하다. 라일라의 어머니는, 딸의 장애를 비정상으로 여기지 않았던 것처럼, 결국 딸의 사랑과 섹슈얼리티에 대해서도 비정상적인 것으로 고집하지 않으며 딸에 대한 무한한 애정과 신뢰를 표현한다.

한국보다 더 보수적인 것으로 알려진 인도에서 장애인이자 소수자의 사랑과 성(性)에 대해 이토록 따뜻하고 진보적인 시각에서 만든 영화를 보니 생각이 복잡해진다. 우리의 경우에도 장애인의 사랑과 성을 다룬 영화가 있었다. 이창동 감독의 〈오아시스〉(2002)이다. 하지만 〈오아시스〉에서 뇌성마비 장애인인 공주(문소리)에 대한 묘사는 처참하다. 그녀는 가족들에게조차 짐짝 같은 존재이다. 종두(설경구)와의 첫 만남에서 종두는 공주를 강간하려다가 미수에 그친다. 이는 한국사회의 한 단면을 그대로 보여준다.

비장애인들은 장애인들을 로맨틱한 사랑의 대상으로는 바라보지 않는 듯하다. 장애인들의 성에 대한 갈망을 기이하게 여기는 듯하다. 여성 장애인은 성폭력의 피해자가 되기 쉽다. 성소수자를 '비정상'으로 혐오하는 발언들도 여전하다. 누군가를 '비정상'이라고 지목해야 자신이 '정상'이 된다고 생각한다. '다름'을 '틀림'으로 말하는 경우도 많다. '다수'를 '정상'으로 상정하고 '소수'를 '비정상'으로 규정한다. 다수를 따라가는 것이 안전하게 느껴지는 이유는 다수가 소수에게 가하는 폭력 때문이다. 다름은 말 그대로 '같지 않음'이다. 인간 개개인은 그 누구도 같지 않다. 권

김현영의 표현대로 원본 따위는 없기에 우리 모두는 원본이다.

영화의 엔딩에서 라일라는 다시 한 번 마가리타를 주문하며 빨대도 함께 요청한다. 빨대로 칵테일을 마시는 것도 '비정상'이 아니다. 성장통을 겪고 한층 단단해진 라일라의 환한 미소는 비정상적이지 않고 기이하지 않으며 틀리지도 않다. 장애인도 성소수자도, 비장애인과 이성애자들이 돌을 던져야 할 대상이 아니며 동정을 보내야 할 대상도 아니다. 자신의 삶에 대한 애착을 가지고 자신의 모습 그대로 살고자 하는 유일무이한 존재인 것이다.

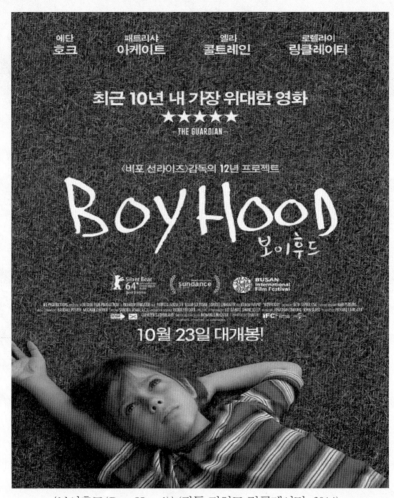

〈보이후드(Boy Hood)〉(감독 리처드 링클레이터, 2014)

성장 영화의 한 획을 긋다

12년에 걸쳐 촬영된 영화

　12년의 시간은 어느 정도로 긴 시간일까. 평균 수명을 산다고 가정했을 때 사람의 일생에서 결코 짧지 않은 시간이다. 특히 소년이 성인이 될 때까지의 12년은 성인이 된 후의 12년과는 다른 의미일 것이다. 물론 개개인마다 차이가 있다. 누군가에게는 20대에서 30대로 넘어간 12년이 더욱 중요한 의미를 가질 수 있고, 다른 누군가에게는 30대에서 40대로 넘어가는 동안의 12년이 특히 중요한 의미를 지닐 수 있다. 사회문화적으로도 12년은 짧지 않은 시간이다. 유행이 바뀌고 거리가 바뀌고 산이 깎여 도로가 되기에도 충분한 시간이다. 정권이 바뀔 수도 있는 시간이다. 테크놀로지의 변화보다 느린 것 같은 인식의 변화 역시 가능한 시간이다.

　그렇다면 12년의 시간을 어떻게 담을 수 있을까. 개인의 차원에서는 사진과 동영상과 글로 남긴 기록들에 시간의 흔적들을 남길 수 있을 것이며, 어떤 순간은 기억 속에 선명하게 각인되기도 한다. 방송국에 보관되는 영상자료들이나 신문사와 도서관에 보관되는 마이크로 필름에도 시간 속의 사건들과 분위기들이 담겨 있다. 시간과 공간을 모두 담을 수 있는 영화에서는 당대의 풍경을 담기도 하고, 특정 시대를 다루기 위해서 고증을 통해 그 시대의 분위기와 소품들을 그 당시와 유사하게 재현하기도 한다.

12년의 시간을 담고 있는 영화 〈보이후드〉는 실제로 12년에 걸쳐 촬영되었다. 이 영화로 베를린 영화제 감독상을 수상한 리처드 링클레이터 감독은 2002년부터 2013년까지 해마다 여름휴가기간동안 같은 배우들과 함께 미국 텍사스 주에서 촬영했다. 이런 기획은 전무후무하다. 다큐멘터리도 12년 동안 찍기 힘든데 하물며 극영화를 12년 동안 찍는다는 건 상상하기 힘들다. 하지만 무척 매력적인 아이디어이다. 허구의 캐릭터가 나이 들고 성장함에 따라 실제 배우도 나이 들고 성장하는 것이다. 흥미롭지만 위험부담 또한 적지 않은 기획이다. 12년은 예측하기에는 너무 긴 시간이기 때문이다. 배우들 중 한 명이라도 사고가 나거나 심지어 사망한다면 처음에 의도했던 기획은 완전히 틀어지는 것이다. 어떤 변수가 생길지 예측하기 힘든 위험부담을 안고 촬영을 시작할 수 있었던 것은 감독의 자신감과 배우들과 스태프의 신뢰감이 있었기에 가능했다. 영화의 제목이 시사하듯이 이 영화의 주인공은 소년이다. 2002년 당시 아역배우가 아닌 평범한 여섯 살 아이 엘라 콜트레인이 캐스팅 되었다. 감독과 배우들은 이후 12년 동안 여름마다 만나서 몇 장면씩을 찍었는데, 매년 즐거운 동창회 하듯이 촬영했다고 감독은 말한다.

　　영화의 첫 장면에 등장한 어린 소년 메이슨(엘라 콜트레인)의 변화하는 외모는 시간의 흐름을 보여준다. 메이슨의 누나인 사만다 역을 맡은 로렐라이는 링클레이터 감독의 딸이기도 한데 역시 12년 동안 어린 여자아이가 사춘기 소녀가 되고 숙녀가 되는 과정을 실제 인물의 변화하는 모습으로 극중 인물의 변화를 리얼하게 보여준다. 영화에 대한 사전지식 없이 이 영화를 본 관객들은 정말 많이 닮은 배우들을 캐스팅했다고 놀라기도 했다. 〈보이후드〉는 인물 외면의 변화를 현실적으로 보여 줄 뿐만 아니라, 12년 동안 시대의 변화와 풍속의 미세한 변화들도 자연스럽게 보여준

히피 기질의 친아빠와 가끔 만나서 시간을 보내는 아이들

다. 유행하는 음악, 학생들이 열광하는 책, 이라크 전쟁과 대통령 선거와 관련된 장면들이 회상이 아닌 현재진행형으로 제시된다.

가장 많은 변화를 보여준 인물은 6살의 아이에서 18세가 된 메이슨이다. 메이슨은 엄마와 아빠, 새아빠들과 그의 가족들로부터 영향을 받고 영향을 주며 성장한다. 메이슨이 6살일 때 부모는 이미 이혼을 한 상태이다. 메이슨은 누나와 엄마와 함께 살면서 주기적으로 친아빠를 만나서 시간을 보낸다. 아빠와 사만다와 메이슨의 만남은 철없는 아빠와 의젓한 딸과 섬약한 소년이라는 조합을 보여서 관객을 미소 짓게 한다. 계부의 폭력에 위험을 무릅쓴 탈출까지 감행해야 했지만 메이슨과 누나 사만다는 계부의 친자식들을 걱정할 만큼 의연하며 힘든 상황에서도 탄력 있는 모습을 보인다. 그 기반에는 메이슨과 사만다의 선(善)함이 있다. 그들의 부모 역시 서로 삶에 대한 태도와 지향점이 달라서 이혼하기는 했지만 두

폭력적인 계부와의 생활에 상심한 메이슨을 위로하는 엄마 올리비아

사람 다 기본적으로 선하고 심지가 굳은 캐릭터이다. 특히 메이슨은 짓궂거나 심술 많은 사내아이가 아닌 여리고 섬세한 소년이다. 6살 메이슨이 죽은 새의 사체를 물끄러미 바라보는 눈빛은 호기심을 담고 있지 않다. 흥미로운 것을 보는 눈빛도 아니다. 연민과 안타까움과 애상의 분위기마저 전달하는 소년의 눈빛은 이 영화가 인간이라는 심연을 대하는 기본적인 태도를 압축적으로 제시한다. 카메라의 시선이 주로 메이슨에게로 향하고 메이슨의 시점 쇼트가 많기 때문에 이 영화는 메이슨의 성장기를 담은 성장영화라고 볼 수 있다.

계부는 메이슨의 긴 머리를 "계집애 같다"면서 자신의 취향대로 거의 대머리로 밀게 한다. 메이슨은 속상함과 불만으로 가득 찼지만 거부할 힘이 없다. 계부의 이런 행동은 파시스트적인 폭력성을 상징한다. 메이슨의 학교 교실에서 어린 학생들이 국기에 대한 맹세에 이어 텍사스 주 깃발에 대한 맹세까지 하는데, 부시정권 당시 미국의 전체주의적인 분위기를 보여주는 시퀀스가 계부의 행동에 이어지는 것은 의미심장하다. 불만을 토로하는 메이슨에게 엄마는 "위로가 될지 모르겠지만 머리는 다시 자란다"고 말하는데, 머리는 다시 자랐고 엄마는 폭력적인 계부와 이혼했으며 이라크 전쟁에 대한 비판 여론이 일어났고 미국의 정권이 바뀌었다. 이 모든 과정이 후일담 형식이 아닌 현재진행으로 카메라에 담겨 소년의 성장과 함께 사회문화의 변화를 보여준다는 데 이 영화만의 매력이 있다.

그런데 소년의 성장영화에서 가장 역동적인 인물은 소년 메이슨이 아니라 메이슨의 엄마인 올리비아(패트리샤 아케이트)이다. 메이슨의 성장 과정에서는 특별하게 두드러지는 스펙터클한 사건이나 격렬한 심리적 변화가 없다. 수동적인 반항이나 이성에 대한 관심, 진로에 대한 고민, 새아빠들에 대한 냉담한 태도 등 일반적인 소년들이 겪었을 만한 과정들을 밟는다. 메이슨은 엄마에 대해서 상당히 인상적인 말을 하는데 이는 아이가 어른에 대해 가지는 오해를 압축적으로 보여준다. "엄마는 학위도 있고, 좋은 직업도 있는데, 나만큼이나 헤매는 것 같아." 결국 어른이 되었다고 성장이 완료된 것도 아니며 어른이라고 늘 현명한 것만도 아닌 것이다.

꿈을 꾸고 성장하는 엄마가 아름답다

23세에 결혼한 올리비아는, 대책 없이 이상주의적이기만 한 무책임한 남편과 이혼한다. 남매를 키우면서 자신의 꿈을 포기하지만, 학위가 없이는 좋은 직업을 가질 수가 없어서 아이들에게 윤택한 삶을 줄 수 없음을 깨닫고 대학에 편입한다. 아이들에게 좋은 집과 아버지를 주고 싶었던 올리비아는 지도교수와 재혼한다. 성실한 아버지의 역할을 해 줄 것 같았던 그가 점차로 권위적인 모습과 알콜 중독과 폭력성을 드러냈다. 올리비아는 아이들을 데리고 맨 손으로 탈출한다. 학위를 딴 올리비아는 대학에서 강의를 하게 되고 자신의 수강생이었던 남자와 결혼한다. 파병군인출신으로서, 이라크에 주둔한 미군들이 이라크 국민들을 존중해야 한다고 말하던 그 역시 경제상황이 악화되고 자신감을 잃으면서 알콜 중독이 되어간다. 올리비아는 그와도 헤어진다.

메이슨은 엄마의 계속되는 실수를 이해하지 못한다. 아이에게 엄마는 절대적인 존재이다. 밥을 주고 약을 주며 위로해주는 해결사이자 보호자이다. 올리비아 역시 그랬다. 어린 나이에 두 아이의 엄마가 되었고 혼자서 두 아이를 키우면서 아이들에게 최선을 다하면서도 뒤늦게 학위를 따고 교수가 될 때까지 올리비아의 모든 행동들은 그때마다 그에게는 최선이었다. 올리비아의 제자인 대학생은 중학생인 메이슨에게 올리비아가 자신이 가장 좋아하는 훌륭한 교수님이라고 말한다. 또한 올리비아는 자신의 집에서 일하는 배관공에게 스쳐지나가듯 말한 한 마디 말로 그의 인생을 바꾸기도 한다. 하지만 어떤 부모도 완전하지 않고 어떤 엄마도 슈퍼우먼이 아니다. 모든 것을 알고 모든 것을 처리해주며 든든한 보호막인 것 같았던 엄마가 사실은 허점 많고 시행착오를 거치는 인간이라는 것을 깨닫는 순간, 어른 역시 실수투성이 불완전한 인간이라는 것을 알게 되는 순간, 아이는 어른이 된다. 아이뿐만 아니라 어른도 성장해야 한다.

메이슨이 대학 기숙사에 들어가기 위해 짐을 꾸릴 때 올리비아는 울음을 터뜨린다. 뭔가 더 있을 줄 알았는데, 이제 자신에게 남은 것은 장례식뿐이라고 말한다. 이제 40대에 불과한 엄마가 그런 말을 하자 메이슨은 어이없어 한다. 올리비아가 학위를 따려고 애쓴 것도, 재혼을 거듭한 것도 아이들에게 좋은 환경을 만들어주고 싶어서였다. 자신의 꿈과 욕망이라기보다는 엄마로서의 꿈과 욕망이었다. 아이들이 성장해서 자신의 둥지를 떠났을 때 올리비아는 자신의 인생도 끝났다고 느끼는 것이다. 링클레이터 감독은 "언제부터인가 크는 게 아니라 나이를 먹죠. 그 경계가 어디인지 정확히 말할 수는 없지만"이라고 말하는데 올리비아에게는 그 경계가 아이들이 대학에 입학하고 기숙사로 떠나면서 혼자 남겨진 순간이었다. 올리비아는 말로는 홀가분하다고 하지만, 이제부터는 하고 싶은 것을 다 해보겠다고 말하지만, 안식년을 신청해서 책을 한 권 출판하겠다는 계획도 말하지만 결국은 여러 감정들이 뒤섞인 눈물을 보인 것이다.

이제부터라도 올리비아가 자신을 위한 꿈을 꾸고 자신의 욕망을 실현시키는 삶을 살기를 바라면서 한국의 어머니들을 생각하니 답답해진다. 18세가 되면 독립하는 미국의 아이들과 달리 한국의 아이(?)들은 결혼 전까지 독립하지 못한다. 결혼 후에도 부모에게 의지한다. 자식들이 진정으로 독립한 후 남은 것은 정말 장례식밖에 없게 된다. 스스로를 위한 꿈을 가질 수가 없는 한국의 어머니들은 자식에게 자신의 욕망을 투사하며 자식을 통해 대리만족 하려 한다. 이는 자식과 부모 모두를 불행하게 만든다. 어머니들이 자기 자신을 위한 꿈을 꿀 수 있는 환경이 만들어져야 한다. 신체의 기능은 노쇠해지고 외모는 허물어져간다 해도 숨 쉬는 동안 우리 모두가 계속 성장해야 하는 것이다.

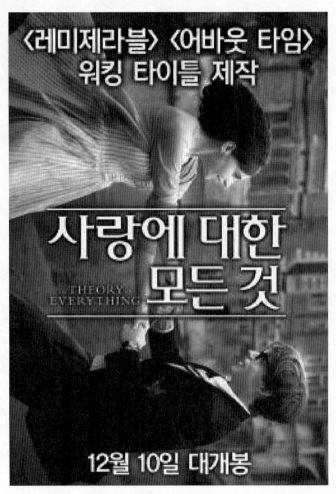

〈사랑에 대한 모든 것〉(감독 제임스 마쉬, 2014)

물리학 천재를 지탱했던
불가사의 '사랑'

사랑이라는 블랙홀에서 인문학과 물리학이 만나다

함께 미래를 꿈꾸던 연인이 불치병과 시한부 삶을 선고받는다면 어떻게 하겠는가? 절망에 싸인 채 떠나라고 말하는 연인의 곁을 단호하게 지킬 수 있을까? 세계적인 명성을 얻은 물리학자 스티븐 호킹의 실화를 바탕으로 한 영화 〈사랑에 대한 모든 것(원제:The Theory of Everything)〉에서 스티븐의 연인 제인은 잠시의 망설임도 없이, 루게릭병을 선고받은 스티븐과의 결혼을 선택한다. 당시 의사는 스티븐 호킹이 2년 정도밖에 살수 없다고 말했고, 그 2년조차 힘겨운 고통의 시간이 될 것임이 자명했다.

실존인물 제인 호킹이 쓴 저서 『무한으로의 여행: 스티븐 호킹과 함께한 인생』을 기반으로 만들어진 이 영화에서 사랑의 불가사의함과 인간의 위대함이 배우들의 뛰어난 연기로 재현된다. 특히 스티븐 호킹 역을 맡은 배우 에디 레드메인의 연기는 어떤 찬사의 언어도 부족할 만큼 뛰어나다. 에디 레드메인이 스티븐 호킹 그 자체 같았다. 장래가 촉망되는 천재 물리학도가 점차 온 몸이 마비되면서 말조차도 제대로 할 수 없는 상태에서 인간적으로 고뇌하며 탁월한 업적을 남기는 모든 과정을 관객은 지켜본다. 이를 통해 나약한 인간이 어디까지 위대해질 수 있는지 느끼고 전율하게 된다. 휠체어에 앉아 음성장치를 이용해서 "살아있는 한 희망은 있다"고 말하는 강연 장면은 단연 압권이었다.

그러나 이 영화에서 가장 빛나는 인물은 스티븐 호킹의 곁을 25년 이상 지켰으며 결국 헤어짐을 결심하고 자신의 새로운 인생을 찾는 것을 포기하지 않았던 제인 호킹(펠리시티 존스)이다. 루게릭병 환자의 손과 발이 되어서 그의 연구와 강연을 헌신적으로 지원하고, 세 명의 아이들을 낳아 키우고, 자신의 전공이었던 스페인 어문학에 대한 열정도 포기하지 않고 끝내 박사학위를 받은 제인의 인내와 집념은 스티븐 호킹의 인간승리 못지않게 위대하다. 그것을 가능하게 했던 것은 '사랑'이라는 불가사의한 힘이다. 스티븐 호킹에 대한 사랑과, 오랜 친구이자 재혼 상대가 된 음악가 조나단(찰리 콕스)에 대한 사랑 그리고 무엇보다 자기 자신에 대한 사랑이 그 모든 일을 가능하게 했다.

스티븐 호킹이 이룩한 업적들은 그의 천재성만으로는 해낼 수 없는 것이었다. 의사까지도 포기하려 했을 때 스티븐을 살렸던 것도 제인이었다. 제인은 함께 할 수 있는 시간이 2년 정도밖에 없을 줄 알았는데 25년을 함

영국 여왕으로부터 훈장을 받은 호킹 부부, 이후 그들은 훈장을 거절했다.

께 했음을 감사했다. 스티븐 호킹이 성공한 후에는 자기애(自己愛)로 인해 그를 떠날 수 있었다. 제인은 스티븐 호킹에게 결별을 선언하면서 당신을 사랑했고 최선을 다했다고 말한다. 변치 않는 영원한 사랑에 대한 동경을 가지고 있는 사람이라면, 혹은 정절에 대한 집착을 가지고 있는 사람이라면 호킹 부부가 결혼 25년 만에 이혼하고 각자 다른 사람과 재혼한 것을 허탈해할지도 모르겠다. 제인이 결혼생활 중에 남편 아닌 남자와 우정 이상의 교감을 가졌던 것에 대해서 비난할 수도 있다. 루게릭병을 알면서도 결혼할 만큼 사랑했는데 그 사랑이 파경에 이르게 된 것을 의아해할 수도 있다. 하지만 이 영화는 동화 속의 사랑이 아니라 현실에서의 사랑에 대해 생각하게 한다.

두 사람의 사랑은 순간의 끌림으로 시작해서 동지애로 발전했고, 서로에게 지쳐가며 균열이 생기고 결정적인 순간 무너졌다. 그리고 각자 자신에게 위로가 되는 사람과 새로운 관계를 시작한다. 인간의 감정은, 특히 사랑은 스티븐 호킹이 평생 연구했던 우주와 블랙홀과도 같다. 인간을 성찰하는 인문학과 우주를 탐구하는 물리학은 여기서 만나게 된다. 그 깊은 심연을 우리는 온전히 알 수 없다. 섬광 같은 번뜩임으로 생성된 존재는 활성화 되고 그 위력을 발휘하다가 서서히 힘을 잃고 어느 순간 소멸한다. 별의 소멸도, 낙화와 낙엽도 허탈해 할 일이 아니며, 젊음의 유한함도 슬퍼할 일이 아니다. 인간이 영원히 살 수 없다고 해서 인생이 의미 없는 것이 아니듯이, 사랑이 영원하지 않다고 해서 사랑했던 순간들이 허망한 것은 아니다. 제인은 자신을 마모시키는 관계를 끝냄으로써 새로운 삶을 선택한 것이다. 이는 사랑의 실패가 아니라 상대방과 자신의 삶에 대한 존중이며 애착이다.

〈와일드〉(감독 장 마크 발레, 2014)

'잠들기 전 가야 할 길'이 있다면
삶은 계속될 것

길 위에서 만나게 되는 것들

　실화를 바탕으로 한 영화 〈와일드〉에서는 경이로운 광경들이 펼쳐진다. 멕시코 국경에서부터 캐나다 국경까지 미국 서부를 종단하는 PCT(Pacific Crest Trail) 트래킹을 하는 셰릴(리즈 위더스푼)의 발걸음을 따라 관객의 시선은 사막을 걷고 바위산을 오르며 설원을 가로지르고 화산지대를 지나 계곡을 건넌다. PCT는 잘 닦여진 도로도 아니고 평탄한 산책로도 아니다. 발톱이 빠지는 극한의 트래킹 코스이다. 총 4,285km이며, 가장 고도가 높은 지역은 백두산보다 1,230m 더 높다. 실제로 PCT 완주에 성공한 사람은 연간 150명 정도 밖에 되지 않는다. 그 중 한 사람이었던 셰릴 스트레이드의 자서전 『와일드』가 2012년에 출간되었다. 이 책이 〈뉴욕 타임스〉 베스트셀러 논픽션 부문 1위에 오르고 아마존이 선정한 '올해의 책'과 오프라 윈프리 북 클럽에 선정되면서 세계적인 베스트셀러가 되었다. 이 책을 읽고 크게 감동한 배우 리즈 위더스푼은 자신이 직접 설립한 영화제작사에서 이 영화를 제작하기로 결심하고 셰릴 스트레이드로부터 이 책의 판권을 산다. 게다가 『어바웃 어 보이(About a Boy)』의 저자이자 영화 〈언 에듀케이션(An Education)〉의 각본가로 우리에게도 잘 알려진 영국 작가 닉 혼비가 역시 『와일드』에 감동하여 시나리오 집필을 자청했다. 자신이 감동 받은 책을 영화화하려는 강한 열정을 보여준 리즈 위더스푼은 그가 예전 영화들에서 보여줬던 화사한 모습들을 버리고 메이크업을 하지 않은 민낯으로 실제 셰릴 스트레이드가 거쳐 갔던 거친 길들을 셰릴의 마음으로 걷는다.

캘리포니아의 모하비 사막에서 트래킹을 시작한 셰릴은 자신의 몸집보다 큰 배낭을 메고 작열하는 태양을 머리에 이고 "내가 무슨 짓을 한 거지. 내가 미쳤어"라고 말한다. 그녀는 왜 걷는가? 사막을 걷고 바위를 오르며 설원에서 잠이 깨는 모든 순간에 셰릴은 계속해서 과거의 기억들을 떠올린다. 영국 작가 줄리언 반스의 멘부커상 수상작인 『예감은 틀리지 않는다(The Sense of an Ending)』의 첫 문장은 '특별한 순서 없이 기억이 떠오른다'이다. 길을 걷는 셰릴 역시 우후죽순처럼 여러 기억의 파편들을 떠올리게 되는데 대부분 떠올리기 싫은 기억들이다. 이런 기억들이 영화 속에서 길을 걷는 셰릴과 과거 셰릴의 흔적들의 교차편집으로 제시되어 쉴 새 없이 관객의 심장을 건드린다.

가난과 거친 환경 속에서도 꿈을 가지고 있었고 똑똑했던 셰릴이었지만 어머니의 죽음과 이혼으로 인해 스스로 자신을 파괴해갔다. 마약과 낙태까지 셰릴의 삶은 그대로 추락하는 듯 했다. 알콜 중독 남편의 폭력에도 아이들을 지켜내며 낙천적이었던 어머니는 셰릴에게 정신적 지주였다. 어머니의 무한 애정과 낙천성에 셰릴은 가끔 날카로운 반응을 보인다. 폭력적인 아버지가 준 상처와 가난이 싫었기에 늘 웃는 어머니에게 공격적이 되며 어머니에게 상처를 주기도 하지만 어머니를 생각하는 셰릴의 모습에 세상의 딸들과 엄마들의 애증의 관계가 투사된다. 척추종양으로 사망한 후 각막을 기증해서 눈을 잃은 채 누워 있는 어머니의 얼굴을 보면서 절규하는 셰릴과, 상처 입은 발로 올라선 바위산에서 등산화를

캘리포니아 모하비 사막. 뜨거운 태양 아래서 셰릴의 여정은 시작된다.

잃고 감정이 폭발해 버리는 셰릴의 모습이 오버랩 되면서 그녀가 왜 극한의 트래킹을 시작했는지 이해하게 된다.

그녀에게 걷는다는 것은 자기 자신과 만나는 행위이다. 셰릴은 마치 폭격을 맞듯 떠오르는 여러 기억들 속에서, 엄마의 자랑스러운 딸이었으나 스스로를 놓아버렸던 시간들과 그 안에서 뒤틀리고 메말라버린 마음과 만난다. 냉소와 조소로 무장했던 단단한 껍질 속 상처 입은 알맹이를 직시한다. 비오는 숲을 걷고 눈 쌓인 들판에서 아침을 맞이하면서 거리를 두고 바라보게 된 기억들은 상처를 넘어선 성찰로 다가온다. 타자에 대한 증오도, 자신을 부정하고 내팽개쳤던 것도 치열했던 삶의 한 과정으로서 긍정하게 된 것이다.

걷는다는 것은 또한 세상의 호의와 만나는 계기가 된다. 혼자 사막에서 차가운 죽을 먹으면서 셰릴은 따뜻한 식사를 친구와 함께 하는 일이 얼마나 소중한 것인지를 온 몸으로 깨닫는다. 사막에서 만난 낯선 남자는 셰릴에게 따뜻한 식사를 제공한다. 2분에 한 번씩 그만두고 싶다는 생각을 한다고 말하는 셰릴에게 그는 자신이 늘 포기하는 삶을 살아왔다며 그녀를 격려한다. 길 위에서 만난 또 다른 트래킹 도전자들과 동지애를 나누고 그녀의 외로움을 적당한 거리에서 보듬으려 하는 뮤지션과 관계를 가지기도 한다. 여리고 어린 소년의 노래를 들은 후에 셰릴은 어머니에 대한 그리움에 오열하고 감정을 다 토해낸 후에는 힘이 되는 그리움만을 간직하게 된다. 집착하듯 가지고 있었던 감정들을 토해내는 것처럼 셰릴은 무거운 배낭에서 쓰지도 않으면서 가지고 있었던 물건들을 버리기 시작한다. 심지어 트래킹 안내 책자도 이미 걸어온 앞부분은 태워버린다. 깊은 밤 산속에 혼자 앉아 작은 텐트 앞에서 불을 피우고 그 불에 책을 태우는 장면은 대사 없이 묵직한 의미를 전달한다. 걸어온 앞부분을 태우는 불빛은 뜨겁지도 비장하지도 않게 느껴진다. 모닥불 속에서 타들어가는 책자 속에는 셰릴이 걸었던 사막과 바위산이 있으며 그녀의 고통과 고독과 기쁨과 희망이 녹아있다. 걸어온 시간들을 위로하고 격려하며 걸어갈 시간들에 대한 각오를 다지는 따뜻하고도 차분한 느낌이다. 무거운 짐을 버린 후에 마음의 짐도 버리게 된 셰릴은 이혼한 남편의 이름을 마지막으로 해변에 쓴다. 버릴 수 있을 때 삶 자체를 포기하지 않을 수 있다는 교훈을 몸으로 체득한 것이며 이는 관객에게도 희망의 메시지로 다가온다.

계속 걸어야 하는 이유

세계적인 베스트셀러 작가인 무라카미 하루키는 마라톤 애호가로 알려져 있다. 그는 자신의 묘비명에 다음과 같이 쓰고자 한다고 말한다. "작

길 위에서 기억들과 만나고 미래와 만난다

가이자 러너(runner). 적어도 걷지는 않았다." 예전에는 멋진 구절이라고
생각했지만 이제는 의문이 생긴다. 걷지 말고 달려야만 하는가? 달리기
가 걷기보다 우월한가? 달리면서 볼 수 없는 것들을 걸으면서 볼 수 있지
않을까? 트래킹 초반에 셰릴은 자신의 느린 발걸음을 한탄했다. 이런 속
도라면 20년이 걸리겠다고 투덜거린다. 하지만 평균 152일이 걸리는 PCT
트래킹을 결국 셰릴은 94일 만에 완주했다. 속도보다는 포기하지 않는 뚝
심과 자신의 목표를 향한 애정이 바탕이 된 꾸준함이 가져온 결과이다.
셰릴이 트래킹 구간 곳곳에 설치된 방명록에 적는 감동적인 경구들 중 로
버트 프로스트의 글이 특히 인상적이다. "내게는 지켜야 할 약속과 잠들
기 전 가야할 길이 있다."

나 자신에게든 다른 사람에게든 지켜야 할 약속이 있다면, 잠들기
전 가야할 길이 있다면, 삶은 계속된다. 종착지에 도착한 셰릴은 스스로

와 화해하고 새로운 삶을 시작한다. 그녀를 둘러싼 환경 자체는 변하지 않았지만 그녀의 마음이 변했기에 그녀의 삶도 변하게 된 것이다. 트래킹 내내 셰릴이 흥얼거렸던 '철새는 날아가고 El Condor Pasa(Simon & Garfunkel)'의 감미로운 선율과 함께 엔딩 크레디트가 올라가면서 실존인물 셰릴 스트레이드가 실제 PCT 트래킹을 했던 사진들이 제시되는 장면은 실화를 바탕으로 만든 영화가 줄 수 있는 또 다른 감동이다. 영화를 보면서 셰릴과 함께 걸으며 셰릴이 흥얼거리는 노래를 듣고 그녀의 아픔과 외로움과 두려움에 공감했던 관객들은 그 어려움을 실제로 겪어낸 실존 인물의 사진과 울려 퍼지는 감미로운 노래가 주는 증폭된 감정을 고스란히 느끼게 된다. 누구나 살아오면서 느꼈을 두려움과 외로움과 아픔을 치유하는 순간이며 트래킹을 해보고 싶다는 생각이 들게 만드는 대목이다. 대부분의 러닝 타임 동안 미국 서부의 대자연을 매혹적으로 화면에 담아낸 것도 이 영화의 미덕이다. 무거운 배낭을 짊어지고 등산화로 무장한 채 오롯이 자신의 두 다리로 버티고 서서 앞으로 나아가야 하는 트래킹은 우리 인생과 닮아 있다. 우리는 길 위에서 만나고 헤어지고 사랑하고 미워하며 주저앉고 다시 일어선다. 야성적이기에 더 매력 있고 도전해볼만한 것이다. 실제로 PCT 트래킹을 완주한 사람들은 "더 강해졌다" "더 나은 사람이 됐다" "자연과 더 친해졌다" "나를 더 잘 알게 됐다"고 말한다. 자연은 언제나 위대한 스승이다. 느린 발걸음일지라도 계속 걷다보면 목적지에 도착하게 된다.

눈으로 덮인 산은 아름답지만 그만큼 가혹하고,
매혹적이지만 그만큼 위험하다.

〈엠마 왓슨 UN 연설, 2014〉

페미니즘은 '반(反)남성주의' 아니다

페미니즘은 정말 불편한 단어일까?

'해리포터' 시리즈를 통해 세계적인 스타가 된 영국 배우 엠마 왓슨은 UN 성 평등 홍보대사로 활발하게 활동하고 있다. 특히 뉴욕 UN본부에서 열린 캠페인 '히포쉬HeForShe'에 참여하여 페미니즘에 관한 자신의 견해를 밝힌 연설은 큰 화제가 되었다. 이 자리에서 엠마 왓슨은 페미니즘에 대해 이야기하는 것이 남자를 싫어하는 것으로 오해받는 현실을 증언했다. 이러한 왜곡된 인식 때문에 많은 여성들이 페미니스트로 분류되기를 꺼려하며 페미니즘은 호의적이지 않은 단어로 취급된다는 것이다. 엠마 왓슨은 "왜 페미니즘이라는 단어가 이렇게 불편한 단어가 되었을까요?"라고 질문한다. 페미니즘에 불편함을 느끼게 된 일차적 원인은 무지(無知)에 있다. 무지는 죄가 아니라고 생각하는 사람도 있겠지만 무지는 언제나 무지에서 끝나지 않는다. 무지가 편견으로 이어지고 편견은 폭력으로 이어지게 된다. 무엇보다 적극적으로 알려고 하지 않는 것이 잘못이다. '알고 싶지 않다'는 태도는 비겁한 두려움에서 기인하며, '알 필요가 없다'는 태도는 무지를 권력화 한다.

페미니즘에 대한 학자들의 정의는 다음과 같다. "단지 타고 난 성별에 의해 차별 받는 사회, 문화, 정치, 도덕에 뿌리박힌 구조적 불평등과 모순을 평등과 합리성으로 바꾸려는 노력이 페미니즘이다.(로즈마리 통)"페미니즘은 성차별주의와 성차별주의에 근거한 착취와 억압을 종식시키려는 운동이며 따라서 페미니즘은 반(反)남성주의가 아닌 반(反)성차별주의이다.(벨 훅스)" 엠마 왓슨이 자신의 연설에서 밝힌 페미니즘에 대한 정의도 이와 유사한 맥락에 있다. 그렇다면 페미니즘은 불편할 이유가 없는 단어이다. 한쪽으로 추가 기울어진 저울의 균형을 맞추기 위해서는 양쪽에 똑같은 힘을 가해서는 안 된다. 한쪽에 더 큰 힘을 가해야 균형을 맞출 수 있다. 이것을 인식하지 못하기에 적극적 평등을 위한 실천 방안들을 '역차별'이라고 생각하는 것이다.

페미니즘에 대한 거부감의 두 번째 이유는 특권에 대한 집착이다. 이는 남자로 태어났다는 이유로 주어지는 '기득권'을 남성의 당연한 권리라고 생각하며 이를 빼앗기지 않겠다는 심리에서 나오는 반응이다. 하지만 자신이 노력해서 획득한 것이 아닌 기득권은, 백인으로서 가지는 기득권도 남성으로서 가지는 기득권도, 애초에 당연한 권리가 아니다. 성별과 인종, 민족 등 개인이 선택할 수 없는 것으로 인한 차별을 없애기 위해 인류사회는 노력해왔다. 성별, 인종, 민족, 출신지역, 성적 지향 등은 자신의 능력과 상관없는 것이며 노력한다고 바꿀 수 있는 것도 아니다. 무엇보다 인간은 단 두 종류로 이분화 되어 존재하지 않는다. 때문에 성별에 의한 편견과 차별은 다른 어떤 편견과 차별보다 더 거칠고 난폭하며 비합리적이다. 또한 가장 많은 피해자들을 양산한다. 여기에 문제를 제기해 온 것이 바로 페미니즘이다.

한국 사회에서 더욱 일그러진 '남성성'의 초상(肖像)

한국사회에서 페미니즘에 대한 반응은 '불편함'을 넘어서 '적대감'에 가까운 듯하다. "페미니스트가 싫다. 그래서 IS가 좋다"는 메시지를 남기고 IS에 가담하기 위해 먼 길을 떠난 10대 남학생의 경우는 페미니즘에 대한 증오가 어떤 상태인지를 단적으로 보여준다. 아직 어린 10대 학생의 무지와 어리석음이라고만 치부할 수 없다. 왜냐하면 40대의 한 남성 방송인이 "무뇌아적인 페미니즘이 IS보다 더 위험하다"는 글을 잡지에 기고했다가 거센 비판을 받고 방송에서 하차했기 때문이다. 극악한 테러 집단인 IS보다 페미니즘을 더 증오하고 두려워하는 무지와 편견은 전 방위에 걸쳐서 뻗어 있다. 인정받지 못하고 좌절된 자신의 욕망을, 사이버 공간에서 타자에 대한 공격을 통해 해소하려는 사람들의 공격 대상도 주로 여성이다.

여성 중에도 강자가 있으며 남성 중에도 약자가 있다. 성별만이 아니라 학력과 경제력 등 여러 가지가 복합적으로 작용하여 계층을 구성하기 때문이다. 하위계층 남성은 하위계층 여성과 연대하기 보다는 하위계층 여성 위에 군림하려 한다. 하위계층 남성의 증오의 대상은 상위계층 남성이 아니라 상위계층 여성이다. 약자의 포지션에 있는 남성들이 자신보다 강자의 위치에 있는 남성들을 공격하지 못하고 자신보다 강자의 위치에 있는 여성을 공격하는 것은 '젠더'의 측면에서 여성이 약자라는 반증이기도 하다. 여성을 공격하는 것이 좀 더 쉽기 때문이며, 여성이 강자의 입장에 있는 것이 못마땅하다는 심리의 발로이기 때문이다. 그들이 여성을 공격해서 얻을 수 있는 것이 과연 무엇일까? 사이버 공간에서 악성 댓글을 쓰면서 순간적인 통쾌함을 얻을 수 있을지는 모르지만 아무 것도 달라지

는 것은 없다. 사회구조도, 삶의 힘겨움도, 그들이 느끼는 열등감과 좌절
감과 분노도 그대로이다.

　'남성 중에도 약자가 있다'는 말을 가장 많이 한 사람은 '남성연대' 대
표였던 고(故) 성재기이다. 여성가족부의 폐지를 줄곧 주장하고 여성가족
부의 지원은 받지 않겠다며 후원금을 호소하는 퍼포먼스의 방법으로 마
포대교에서 투신함으로써 생을 마감한 성재기 역시, 페미니스트가 싫어
서 IS에 가담하려 했던 10대 남학생과 조금도 다르지 않다. 분명 남자 중
에도 약자가 있다. 하지만 그가 약자의 위치에 있게 된 것은 성별이 '남자'
여서가 아니다. 부모의 계층, 경제력, 학력, 외모 등 다른 요인들 때문에
약자의 입장에 있게 된 것이다. 즉 그는 다른 남성들과의 경쟁에서 졌기
때문에 약자가 된 것이지 남성으로 태어났기에 약자가 된 것이 아니다.
'남성'은 약자의 기호(記號)가 아니다. 반면 '여성'은 약자의 기호가 된다.
가부장제는 인류 역사상 가장 오래된 지배 이데올로기이며 가부장제 안
에서 단지 여성으로 태어났기에 약자의 입장에 서게 되는 일은 비일비재
하다. 여아라는 이유로 낙태되거나, 남아선호의 분위기 속에서 차별받거
나, 범죄의 표적이 되거나, 물리적 폭력과 성폭력의 피해자가 된다. 여성
이기에 죽임을 당하는 '페미사이드' 역시 인류역사가 시작된 이후로 현재
까지 이어지고 있다.

　여성들이 자신들을 향한 차별과 폭력에 더 이상 침묵하지 않고 목소
리를 낼 때, 그것을 들으려 하지 않고 자신들도 차별받고 있다고 항변하
며, 더 큰 불편함을 겪어온 여성들에게 자신의 불편함을 토로하는 남성들
의 언행을 투정이라고 넘길 수가 없다. 이는 여성들을 침묵시키려는 남성
들의 폭력으로 또다시 이어지기 때문이다. 하지만 그 어떤 차별과 폭력
으로도 더 이상 여성들을 침묵시킬 수 없으며, 폭력을 행사하는 남자들도

승자가 될 수는 없다. '남자'이기에 겪어야 하는 고충이 있다면 이는 남자로서 누리는 특혜의 이면일 경우가 많다. 즉 가부장제는 남성에게도 억압으로 작용해왔다. 남성들은 남자다워야 한다는 강박관념과 남자이기에 더 성공해야 한다는 사회적 인식으로 인해 자신에게도 타인에게도 가혹해지기 쉽다. 가부장제에 집착할수록 가부장제가 요구하는 강한 남성상은 남자들에게 올가미로 작용하게 된다. 모병제가 아닌 징병제로 군대를 유지하고 있는 한국사회에서 남자라는 이유만으로 군대에 가는 것은 부당하다. 그 불편함은 자신들을 징집한 국가권력을 향해 호소해야 할 일이지 사이버 공간에서 여성들을 공격하는 것으로써 해결되지 않는다. 남자라는 이유로 '잠재적' 범죄자/가해자 취급을 받는 것이 아무리 불편해도 여자라는 이유로 범죄의 '잠재적' 피해자가 되는 불편함에 비할 수는 없다. 여성이 취업과 승진과 임금에 있어서 차별받는 상황이 여전히 존재하고, 여성에 대한 물리적 언어적 폭력과 성폭력이 만연한 현실에서 페미니즘을 두려워 할 필요가 없다. 여성과 남성이 성차별 문제에 관해 함께 관심을 가질 필요가 있고 그러한 움직임이 현재 SNS를 통해 일어나고 있다. 여성의 권리에 대해 말하는 것을 남성에 대한 역차별로 이해하는 것은 잘못된 생각이다.

어느 한 성별만으로는 인류가 지속될 수 없다. 여성(남성)은 나의 적이 아니다. 나의 어머니(아버지)이고 누이(형제)이고 딸(아들)이며 아내(남편)이고 친구이다. 나와 함께 이 세상을 살아가야 하는 나와 같이 소중한 존재이다. 여성/남성, 여성성/남성성, 여자다움/남자다움이라는 편 가르기보다는 자기다움과 인간다움을 추구하는 것이 더 바람직하다. 누구에게나 편견 없는 기회가 주어져야 한다. 페미니즘이 추구하는 방향도 여기에 있다.

〈장수상회〉(감독 강제규, 2014)

청춘이 지나간 자리에도 봄은 온다

황혼의 로맨스가 주는 교훈

할리우드 블록버스터가 극장 스크린을 점령한 가운데, 작은 들꽃 같은 영화가 관객의 감성을 건드리고 있다. 강제규 감독의 〈장수상회〉는 귀여운 영화이지만 주인공은 아이들이 아니라 할머니와 할아버지이다. 영화에서는 할머니 혹은 할아버지라는 호칭보다 '금님'(윤여정)과 '성칠'(박근형)이라는 이름으로 더 많이 호명된다. 성칠이 금님에게 관심을 가지게 되면서 가장 먼저 한 질문이 "이름이 뭐요?"였다는 것은 중요한 의미를 가진다. 우리는 대체로 노인들을 이름으로 인식하지 않는다. 그들은 그저 '할머니'이고 '할아버지'일 뿐이다.

우리는 노인들을 이름을 잊은 존재로 여길 뿐만 아니라 그들에게 사랑이나 로맨스는 가당치 않은 것이라고 생각하기도 한다. 하지만 〈장수상회〉에서 성칠과 금님이 보여주는 모습은 이러한 편견을 무색하게 한다. 완고하고 무뚝뚝하고 신경질적이기까지 한 성칠은 소녀 같은 천진난만함을 여전히 간직한 금님과의 만남을 통해 자신의 내면에 감춰져 있던 섬세한 감성들을 끄집어낸다. 레스토랑에 미리 가서 주문과 결제방법까지 예행연습 하는 모습은 일본 영화 〈전차남〉(감독 무라카미 쇼스케, 2005)에서 첫 데이트를 앞두고 미리 연습해보는 젊은 남자의 설렘과 조금도 다르지 않다. 동네 사람들 모두 성칠의 데이트를 응원하는 모습도 유쾌하고 따뜻하다. 전화해도 되느냐는 금님의 말 한 마디에 전화기를 베개 옆에 놓고 자는 성칠의 모습은 기다리는 것이 있음이 행복한 일임을 새삼 보여준다. 성칠의 문자 메시지를 받고 환하게 웃는 금님을 보면서 딸 민정은 걱정하지만, "우리 나이엔 이런 게 다 마지막일 수도 있잖아"라는 금님의 말은 황혼의 로맨스가 왜 특별한지 깨닫게 한다.

그들이 함께 산책하며 행복한 미소를 짓고, 힘들어하면서도 놀이기구를 타고, 왈츠를 배우는 모습이 한편 흐뭇하고 한편 애틋하게 다가오는 이유는 금님의 대사처럼 그런 게 다 마지막일 수 있기 때문이다. 전쟁 중의 로맨스가 더 강렬하듯이, 석양의 빛이 찬란하듯이, 남은 시간이 얼마 없는 사랑은 처연해서 더 빛난다. 나이가 들어서 외모가 시들고 신체의 기능이 하나씩 쇠퇴해가도 감정은 퇴색하지 않는다. 노인들 역시 사랑하고 싶고 사랑받고 싶은 인간이며 예쁘다는 말과 멋있다는 칭찬에 행복해 한다. 그런데도 젊은이들은 노인들을 이제 죽을 일밖에 남지 않은 사람들로 보고 있는 것은 아닌가. 노년의 사랑이나 로맨스를 주책이라고 생각하고 있지는 않은가.

금님은 화단에 피어 있는 작은 들꽃을 보고 반색하며 성칠에게 그 꽃이 '막핀꽃'이라고 가르쳐준다. '막핀꽃'은 가을에 다시 피어난 봄꽃이라고 말한다. 이 영화에서 가장 핵심이 되는 부분이다. 인생의 봄인 청춘이 지나갔어도 봄날은 다시 올 수 있다. 남은 날은 적지만 그렇기에 오히려 더 모든 아름다운 것들이 소중한 것이다. 소소한 행복 하나까지 가슴에 담고 싶은 것이다. 금님과 성칠이 주는 메시지는 이것이다. 살아 있는 한 사랑하라.

금님은 성칠에게 '막핀꽃'에 대해 설명해준다

가족주의로 인해 퇴색되어 버린 의미

내내 관객에게 웃음과 따뜻함으로 다가오던 영화서사는 중반 이후 반전을 향해간다. 성칠은 알츠하이머 환자이고 금님은 사실 그의 아내이다. 성칠이 금님을 기억하지 못한 상태에서 금님은 성칠 주변을 맴돌며 보살핀 것이다. 성칠이 일하는 마트의 사장은 사실 성칠의 아들이었다. 그래서 직원인 성칠을 대하는 태도가 남달랐던 것이다. 이러한 반전이 가족의 소중함을 강조하는 가족주의로 향했기에 더욱 감동을 받은 관객도 있을 것이며, 반전 자체가 주는 충격을 흥미로워하는 관객도 있을 것이다. 하지만 가족주의를 내세운 반전은 얻은 것보다 잃은 것이 더 많다. 이전까지 흐뭇했던 감정이 반전으로 인해 퇴색된 느낌을 주었으며 무리하게 설정한 가족주의가 불편하게 다가온다. 자신의 마트에서 일하는 직원인 성칠을 아버지처럼 챙겼던 사장 장수가, 성칠이 치매에 걸린 친아버지가 아니라 혈연으로 맺어지지 않은 노인일지라도 그를 인간적으로 대우할 수 있다면 더 의미 있는 메시지를 전달할 수 있었을 것이다. 알고 보니 한 쪽이 기억을 잃은 부부가 아니어도 외로운 독거노인들이 우정과 사랑을 나눌 수 있다면 그것이 세상을 더 따뜻하게 만들지 않을까. 노년의 사랑을 긍정하는 태도로 아름다운 장면 묘사를 이어가다가 사실은 그 둘이 부부였다는 설정은 지나치게 작위적이고 또한 폐쇄적이다. 부부일 때만 허용되는 감정과 관계라면 이는 결국 노년의 사랑을 긍정하는 것이 아니기 때문이다. 가족주의는 필연적으로 보수성으로 회귀하게 되며 배타성을 내포한다.

5월은 가정의 달이다. 가정과 가족이 확장되어 내 아이만 챙기지 않고 내 가족만 생각하지 않는다면 더 성숙한 사회가 될 것이다. 혈연으로 이루어진 관계는 선택 불가능한, 숙명과도 같은 것이어서 혈연중심 가족주의에 매몰될 때 분명 불행해지는 사람이 있다. 한국 사회는 '핏줄'을 신성시하지만 조금만 생각해보면 '핏줄'은 신성한 것이 아니며 오히려 무서운 것임을 알 수 있다. '스위트 홈'으로 포장되는 가족은 상처의 근원이기도 하다. 아이를 학대하는 이는 핏줄로 연결된 친부모인 경우가 가장 많다. 아내를 때리는 이도 남편이라는 이름의 가족이다. 부모가 자식을 학대해도, 남편이 아내를 폭행해도 '가족'이라는 이름으로 덮어버리는 경우가 비일비재하다. 설령 사랑과 행복이 넘치는 가정일지라도 가족주의는 자신의 가족만을 생각하는 가족이기주의로 쉽게 변질된다. 가족이기주의는 지역이기주의로 연결되고 민족주의, 국가주의로 연결된다. 우리는 한때 '단일민족'이라는 것을 긍지로 내세웠다. 순혈주의는 맹목적이며 배타적이어서 폭력적이다. 우리가 추구해야 할 가치는 가족주의나 핏줄에 대한 집착보다는 보다 유연하고 합리적인 것이어야 한다. 가족주의에 매몰

되지 않을 때 불행한 가정의 구성원들은 자유로워질 수 있을 것이며, 행복한 가정의 구성원들도 가족 외부로 시선을 돌려 관심과 애정을 확장시킬 수 있다. 국가의 국민이 아니라 세계 시민으로 성장할 수 있게 된다.

〈스틸 앨리스(Still Alice)〉(감독 리처드 글랫저, 2014)

나는 망각한다...
그래도 나는 존재한다

기억의 의미

내가 기억하는 것들이 나의 삶을 구성한다. 기억하지 못하는 일은 그것이 좋은 일이든 나쁜 일이든 실존의 의미를 갖지 못한다. 더 이상 내게 어떤 영향도 미칠 수 없기 때문이다. 기억과 기록 속에서 나는 존재한다. 하지만 기억하는 것 못지않게 망각도 중요하다. 기억이 나의 삶을 구성한다고 해도 모든 일들을 다 기억하는 삶이란 무척 힘든 것이 될 수 있다. '시간이 약'이 될 수 있는 이유도 시간이 지남에 따라 많은 일들이 잊히고 희미해지기 때문이다. 그런데 가족과 친구들의 얼굴조차 기억하지 못하게 된다면? 나의 생각과 감정을 표현할 적절한 단어가 떠오르지 않는다면? 내가 살면서 해왔던 모든 일들을 완전히 잊게 된다면? 그럼에도 나는 여전히 나로서 존재할 수 있는가? 유전성 알츠하이머 환자를 소재로 다룬 영화 〈스틸 앨리스(Still Alice)〉는 이런 질문들을 담고 있다.

영화는 앨리스의 50세 생일파티 장면으로 시작된다. 앨리스는 세계적인 석학으로 인정받는 언어학 교수이고 행복한 결혼생활을 하고 있다. 남편과 아이들로부터 생일축하를 받는 그녀의 모습은 아름답고 빛난다. 사랑과 존경을 받는 사람에게서 자연스럽게 발산되는 여유와 자신감이 보이는 그녀는 생의 절정에 있는 듯하다. 이어지는 강연장 장면에서 앨리

병이 상당히 진행된 상태에서,
형광펜으로 읽은 부분에 밑줄을 그으며 연설하는 앨리스

스는 자신이 말하고자 하는 단어를 떠올리지 못해서 당황하지만 재치 있
게 위기를 넘긴다. 하지만 조깅을 하던 중 자신이 있는 장소가 낯설게 느
껴지는 것에 경악한 그녀는 병원을 찾게 되고 조발성(早發性) 알츠하이머
진단을 받게 된다. 앨리스는 자신이 평생 이룬 것이 모두 사라질 거라고
절규하며 차라리 암에 걸렸다면 부끄럽지는 않을 거라고 말한다. 암에 걸
린 신체가 아무리 고통스러워도 기억하고 계획하며 생각하고 표현할 수
있지만, 알츠하이머는 기억을 앗아가기에 모든 것을 앗아간다. 지적 능력
이 높을수록 알츠하이머의 진행속도가 빠르다는 의사의 말을 증명이라도
하듯이 그녀의 상태는 급격하게 나빠진다.

앨리스를 지켜주려고 하는 가족들의 노력도 애틋하게 전달되지만 무
엇보다 이 영화의 미덕은 끝까지 자기 자신을 놓아버리지 않으려고 노력
하는 앨리스 본인의 삶에 대한 열정과 자존감에 있다. 대학 강단을 떠나

야 하고, 연극공연을 마친 막내딸을 몰라볼 정도로 악화된 상태에서 앨리스는 '알츠하이머 학회'의 연설 요청을 수락한다. 불과 몇 달 전까지만 해도 자신이 그곳에 서리라고는 상상도 할 수 없었다. 발병 전에 저명한 언어학자로서 수많은 강연을 했던 앨리스였다. 영화의 제목처럼, 신경과학자이자 소설가인 리사 제노바가 쓴 원작소설의 제목처럼, 여전히 앨리스 Still Alice이며 여전히 앨리스이고자 한 그녀는 이전 강의와 마찬가지로 커뮤니케이션의 중요함을 말하지만 이전 강의와는 다른 메시지와 태도를 포함시킨다. 여기서 인상적인 소도구는 노란색 형광펜이다. 앨리스는 연설문을 읽으면서 형광펜으로 밑줄을 친다. 읽은 부분을 다시 읽을까봐 걱정해서이다. 그런 그녀의 세심한 노력과 함께 연설 내용 하나하나가 연설장의 청중에게 그리고 영화관의 관객에게 간절한 울림을 준다. 앨리스는 자신이 지금 여전히 살아 있고 사랑하는 사람들이 있으며 하고 싶은 일도 있다고 말한다. 세상의 일부가 되기 위해서 애쓰고 있고 소통을 포기하지 않는다고 말한다. 순간을 살고 스스로를 너무 다그치지 않으면서 상실의 기술을 배우고 있다고도 말한다.

내가 잊어도 누군가는 기억한다

아무리 애써도 결국 자기 자신을 완전히 잊게 될 순간이 올 거라는 것을 그녀는 알고 있다. 발병 초기에 앨리스가 자기 자신에게 남긴 영상편지에서 그녀는 자살의 방법을 자세히 설명한다. 영상 속의 앨리스의 모습에서 자괴감은 찾을 수 없다. 체념의 빛도 보이지 않는다. 삶도 죽음도 스스로의 자존감을 지킬 수 있는 방향으로 선택하려는 단호한 모습이다. 상태가 많이 악화된 상태에서 영상편지를 본 앨리스는 영상 속 앨리스의 지시대로 약병을 찾았지만 자살에는 실패한다. 순간만을 살 뿐이지만 삶은 계속된다.

이 영화의 감독인 고(故) 리처드 글랫저는 루게릭병에 걸린 상태에서 영화 촬영을 강행했다. 2011년에 원작을 각색할 때 이미 루게릭 병에 걸린 상태였으며 2014년에 촬영을 시작했을 때는 병이 상당히 진행되어서 몸을 제대로 가누기 힘든 상태에서도 배우들과 스태프와 소통하며 영화를 완성했다. 2015년에 앨리스 역을 연기한 배우 줄리엔 무어가 아카데미 여우주연상을 수상하는 것을 지켜보고 세상을 떠났다. 루게릭병과 알츠하이머는 증세는 달라도 소통과 표현이 어려워진다는 공통점을 가지고 있다. (아직까지는) 완치할 수 없고 결국 죽음으로 향할 수밖에 없는 병이라는 공통점도 있다. 유기적 신체이기도 한 인간 존재에 대한 성찰과 인간다운 삶과 죽음에 대한 사유가 영화에서 기품 있으면서도 설득력 있게 재현된 것도 이런 배경들과 밀접하게 연관된다. 알츠하이머 환자를 통해 질병과 삶과 죽음에 대한 메시지를 전달하는 것이다. 알츠하이머 환자들이 스스로에 대한 기억을 잊었어도 누군가 그들을 기억할 것이다. 처음 자신의 병을 알았을 때 앨리스는 "내가 평생 이룬 것들이 전부 사라질 거야."라고 절규했지만, 사라지지 않는다. 그녀가 이룬 것들은 남아 있으며 많은 사람들이 그녀를 기억할 것이다.

우리 모두는 누군가의 기억 속에 존재한다. 세상에 흔적을 남기지 않는 사람은 없다. 특별히 이름을 남긴 유명인이 아니어도 그러하다. 우리는 이 세상에 어떤 흔적을 남겨 놓고 가는가. 내가 남긴 흔적은 이 세상에 긍정적인 영향을 주는가. 나는 나를 어떻게 기억하는가. 내 주위의 사람들은 나를 어떻게 기억하는가. 알츠하이머에 걸리지 않았더라도 생로병사에서 결코 자유로울 수 없는 우리 모두가 고민해야 할 문제이다. 또한 기억하는 것은 남겨진 사람의 도리이다. 그것이 한 번 뿐인 인간의 삶을 일회성으로 만들지 않을 수 있는 방법이다. 사적인 영역에서뿐만이 아니라 공적 영역에서도 살아남은 자들은 죽은 자들을 기억해야 한다. 인류역사에 새겨진 여러 잔혹한 사건 사고들의 희생자들을 기억하고 그들의 분투의 흔적들을 기려야 한다.

〈심야식당〉(감독 마쓰오카 조지, 2014)

위로가 되는 요리...
"소박해도 괜찮아"

다친 마음을 치유하는 음식의 힘

요즘 TV에서는 요리 프로그램들이 쏟아져 나온다. 소위 '먹방'으로 통칭되는 음식 프로그램들은 맛집을 소개하기도 하고, 맛 품평을 하기도 한다. 여행지를 소개할 때도 식당과 요리 소개는 빠지지 않고, 삼시 세끼를 해결하는 것만으로 인기를 끄는 프로그램이 등장하더니 외국에 한식당을 한시적으로 개업하고 영업하는 과정이 TV 프로그램의 포맷이 되기도 했다. 특히 요리로 경쟁을 하는 배틀 프로그램은 시청자들의 눈을 집중하게 한다. 자신의 요리가 선택받도록 제한된 시간에 한껏 재주를 부리는 요리 장인들의 바쁜 손놀림을 보는 일은 흥미진진하다. 평가단의 품평과 함께 승자가 결정되는 순간은 긴장을 요구한다. 이렇듯 다양한 포맷과 현란한 요리실력, 화려한 음식, 경쟁의 흥미진진함과 긴장 속에 무언가 빠져 있다. 그것이 무엇인지를 영화 〈심야식당〉이 보여준다.

'마스터'라고 불리는 심야식당의 주인이자 요리사(코바야시 카오루)의 손놀림은 민첩하지만 서두르지 않는다. 시간에 쫓기는 모습도 아니다. 그는 경쟁자와 제한시간을 의식하지 않고 오직 음식을 주문한 한 사람을 위해 움직인다. 그가 만들어낸 음식들은 상다리가 휘어지는 12첩 한정식도 아니고, 생소한 이름의 프랑스 요리도 아니며, 섬세한 세공을 뽐내는 가이세키 요리도 아니다. 푸아그라, 샥스핀 등 동물학대를 통해 구할 수 있는 보양식이 나오지도 않고 송로버섯 등 비싼 식재료가 등장하지도 않는다. 화려한 장식도 없다. 칼집을 낸 소시지 볶음과 사각형 팬에 구워내는 계란말이와 같은 소박한 음식이 그렇게 유혹적일 수 있다는 것이 놀랍다. 정성스러운 손길과 편안한 분위기가 더해져서 음식이 누군가에게 위로가 될 수 있다는 것을 감각적으로 느끼게 한다.

음식뿐만 아니라 등장인물들도 대부분 화려함과는 거리가 먼 사람들이다. 자정이 넘은 시각에 대도시 도쿄 뒷골목의 작은 식당을 찾는 단골 손님들 중에는 이제 곧 문을 닫게 될 극장의 스트립 걸, 게이들, 조직폭력배들도 있다. 이들을 대하는 마스터의 태도는 범상하다. 과도한 친절을 보이지도 않고 경계하지도 않는다. 마치 오랜 친구를 대하듯 그들이 늘 주문하는 것을 준비한다. 시골에서 상경해서 돈을 모두 잃고 물로 배를 채우던 미치루(타베 미카코)가 음식 값을 내지 않고 도망간 뒤 다시 나타났을 때 마스터는 잠시 동안 미치루가 자신의 가게에서 일을 할 수 있게 해 준다. 미치루가 마스터에게 청한 음식은 '마 밥'이었다. 전기밥솥이 아닌 도자기 솥에 갓 지은 뜨거운 밥에 마를 간 소스를 얹는 음식인데, 정성스럽게 마를 가는 마스터의 손이 클로즈업 될 때, 솥을 열었을 때 나오는 뜨거운 김을 볼 때 왜 이 음식이 상처 받은 외로운 야생동물 같은 미치루에게 치유의 음식이 되었는지 깨닫게 된다.

누군가는 밥벌이가 지겹다고 하고, 누군가는 밥하기가 귀찮다고 한다. 하지만 영양제 한 알 섭취로 필요한 하루 열량을 섭취할 수 있다고 해도 우리는 밥 먹기를 포기하지 않을 것이다. 흔히 '밥 한 번 먹자'라고 말한다. '그대와 함께 나눠 먹을 밥을 지을 수 있어서 다행'이라는 노래가사도 있다. 함께 밥을 먹는다는 것은 친구이거나 동료이거나 가족이거나 연인일 때 가능하다. 눈물을 닦아주거나 손을 잡아주는 손길도 아름답지만 누군가를 위해 밥을 짓는 손길도 아름답다. 마음을 다친 사람에게 누군가의 정성이 담긴 음식은 거창한 것이 아니어도 위로가 된다. 지진으로 모든 것을 잃은 후쿠시마 주민의 마음을 어루만진 것은 자원봉사자가 건넨 한 접시의 카레라이스였다.

2011년 3월 11일 동일본 대지진

2011년 3월 11일 동일본 대지진과 그로 인한 쓰나미, 후쿠시마 원전 사태는 일본 밖에 있는 우리에게도 엄청난 충격을 준 사건이다. 21세기 경제 선진국의 도시와 첨단기술조차 자연의 힘 앞에서 그렇게 무너질 수 있다는 것이 새삼 두려운 일이다. 누구를 원망할 수도 없는 자연재해로 인해 삶의 터전과 사랑하는 이를 잃은 당사자의 상실감과 좌절은 그 누구도 위로할 수 없을 것이다. 영화 〈심야식당〉에서도 이들의 사연이 영화 서사 내에 얽혀 있다. 쓰나미로 아내를 잃고 시신조차 찾지 못하고 실의에 빠진 겐조(쓰쓰이 미치타카)는 후쿠시마로 자원봉사를 온 아케미(기쿠치 아키코)를 좋아하게 되고 그녀에게 집착한다. 결국 그녀를 찾아 도쿄까지 오게 됐고, 아케미의 단골가게인 심야식당에서 익숙한 카레 냄새에 자신의 사연을 하나씩 펼친다. 아내를 끔찍하게 사랑하던 겐조가 자원봉사를 온 젊은 여성에게 매달리는 상황을 나무라는 친구는 겐조를 이해하면서도 이해하지 못한다. 아케미 역시 그가 봉사를 하러 간 자신의 상황을 이용했다고 원망한다. 자원봉사자이기에 재해지역 주민에게 냉정하게 할 수 없었기 때문이다.

정신 못 차리는 겐조의 행동이 과하다고 생각될 수도 있지만 애초에 그가 겪은 일은 '상식적으로' 또는 '이성적으로' 설명할 수도 없고 이해가 가능할 수도 없는 일이다. 겐조가 마스터로부터 카레라이스를 대접받고 마스터와 대화하게 되면서 아내의 시신조차 찾지 못해서 늘 함께 거닐었던 해변의 모래를 대신 납골함에 넣어 장례를 치른 사연을 말한다. 누군가에게 정신없이 기대고 싶었던 심정도 토로한다. 마스터가 건넨 말은 이제 그만 스스로를 용서하라는 거였다. 아내의 죽음도, 시신을 찾지 못한 것도 그의 잘못이 아닌데 그는 스스로를 자책하고 미워하고 그 자학을 멈추고자 아케미에게 집착했음을 마스터는 직관적으로 간파한 것이다. 겐조와 마스터의 대화를 듣게 된 아케미는 소리 나지 않게 입을 막고 오열한다. 담백하게 진행되는 영화〈심야식당〉에서 가장 묵직하게 울림을 주는 장면이다. 겐조는 후쿠시마로 떠나기로 하고 아케미는 다시 자원봉사하러 가겠다고 말한다. 소박한 심야식당의 소박한 음식을 매개로 치유불가능 했던 상처에 조금씩 약을 바를 수 있음을 보여주는 것이 영화〈심야식당〉의 미덕이자 매력이다.

음식의 맛은 인생의 맛과 연결된다. 누구에게나 잊을 수 없는 인생의 '맛'이 있다. 기억에 남는 맛은 특정 장소와 상황 그리고 그 맛을 함께 했던 사람과의 추억 때문에 소중하다. 학교 앞 분식집의 싸구려 떡볶이의 맛을 잊을 수 없는 것은 그것이 그리운 학창시절의 맛이기 때문이고, 대단할 것 없는 생선구이의 맛이 기억나는 것은 생선살을 발라주던 이의 투박하지만 따뜻한 손길 때문이다. 함께 하는 음식이 연애에 낭만을 더하기 때문에 메뉴 선택에 신중을 기하게 된다. 우리는 고마운 사람에게 맛있는 것을 사주고 싶어 하며, 좌절한 사람에게 위로 한 마디보다는 정성스러운 상차림으로 든든하게 속을 먼저 채워주는 게 좋다는 것도 알고 있다. 살아가면서 더 많은 맛들을 체험하고 기억하고자 한다. 더치페이에 집착하는 각박한 현실에서, 〈심야식당〉에서 자주 등장한 유쾌한 대사 "계산은 내가 할게"라는 말을 많이 하고 많이 듣고 싶다. 누군가에게 따뜻한 밥을 지어주는 손길을 많이 만나고 싶다.

〈우먼 인 골드(Woman in Gold)〉(감독 사이먼 커티스, 2015)

기억의 힘으로
빼앗긴 문화재를 되찾다

개인이 국가를 이기다

　　미술에 무관심한 사람일지라도 한 번쯤은 클림트(Gustav Klimt)의 그림들을 본 적이 있을 것이다. 금빛 색조 안에 몽환적인 여인을 담고 있는 그림 '아델레 블로흐 바우어의 초상1'은 그의 대표작 중 하나이다. 클림트의 그림들은 하나같이 그의 에토스가 고스란히 드러나는 독특한 분위기를 표출하는데, 특히 이 그림은 한 번 보면 잊기 힘들만큼 강렬한 인상을 준다. 화면의 전경과 배경 모두 금색을 사용한 것도 눈에 띄지만 모델 여성의 눈빛과 표정이 꿈을 꾸는 듯, 슬픈 듯, 뭔가 말하려는 듯해서 단지 화려하다고만 말할 수 없는 그림이다. 세부적으로 정밀한 초상화가 아님에도 정교하게 세공된 초상화이며 화려한 외관으로 시선이 향하다가도 인물이 건네는 이야기에 귀를 기울이게 하는 그림이다.

　　영화 〈우먼 인 골드(Woman in Gold)〉는 이 그림에 얽힌 실화가 주는 교훈들을 매혹적인 영상과 매력적인 캐릭터들로 엮어낸다. 경매가격 1,500억 원에 해당하며 세계에서 가장 비싼 그림으로 알려져 있는 이 그림의 모델인 아델레는 화가 클림트의 후원자였던 페르디낭의 아내이고 그들은 오스트리아에 거주하는 유대인들이다. 제2차 세계대전이 발발하고 오스트리아가 독일군에게 점령당했을 때 나치는 이 그림을 가족으로

부터 빼앗았다. 아델레(안트예 트라우에)가 무척이나 사랑했던 조카 마리아 알트만(타티아나 매슬래니)은 당시 자신의 눈앞에서 그토록 좋아하는 숙모의 물건들이 군인들의 우악스러운 손에 의해 약탈당하는 것을 목격해야 했다. 전쟁의 광기와 점령군의 무례함은 예술작품에 대해서도 예외가 아니었다. 마리아는 빈손으로 탈출해서 미국으로 망명했다. 나치가 패망하고 오스트리아가 독립한 이후 이 그림은 오스트리아 정부 소유가 되어 비엔나에 있는 벨베데레 국립 미술관에 전시되었으며 '오스트리아의 모나리자'라는 애칭 속에 전 국민의 사랑을 받았다.

미국으로 망명하여 미국시민으로 살아온 마리아(헬렌 미렌)는 참혹했던 기억을 덮어두려했지만 언니의 죽음을 계기로 그림을 되찾기로 결심한다. 오스트리아 출신 이민자 2세인 미국인 변호사 랜디 쉔베르크(라이언 레이놀즈)와 함께 기나긴 싸움을 시작한 것이다. 독일 나치라는 거대권력과 마주했던 마리아는 이번에는 자신을 지켜주지 못했던 국가를 상대로 싸워야 했다. 오스트리아 정부는 국립 미술관의 대표작인 이 그림을 넘겨줄 생각이 없었고 마리아와 랜디는 미국 법원을 통해 오스트리아 정부에 소송을 제기한다. 8년간의 긴 투쟁 끝에 그들은 승리한다. 마리아에게 이 그림은 어린 시절과 가족을 추억하는 매개체이다. 그런데 소송이 진행될수록 점차 의미가 확대된다. 잘못을 되풀이 하지 않기 위해서는 아픈 역사를 잊지 않고 기억해야 한다는 것이다. 또한 옳은 일에 대한 신념을 지켜야 하고 두려움에 굴복해서는 안 된다는 것이다. 유대인을 말살하려는 나치의 폭압에도 끝내 살아남았던 마리아는 결국 국가를 상대로 정의가 승리하는 선례를 남겼다. 그림이 마리아에게 반환되었을 때 전 세계의 언론들은 이 사건을 크게 다뤘다. 이 그림은 현재 뉴욕 노이어 갤러리에 전시되어 있다.

클림트의 대표작 '아델레 블로흐 바우어의 초상1', 뉴욕 노이어 갤러리 소장

다시 한 번, 인생은 짧지만 예술은 길다

오스트리아 정부쪽에도 기회는 있었다. 긴 소송과정 중에 지친 마리아와 랜디는 협상을 제의한다. 그 그림이 한 가족으로부터 불법 취득한 것임을 인정하고 적절한 보상을 해준다면 계속해서 벨베데레 미술관에 전시하도록 하겠다는 제안이었다. 정부쪽을 대표하는 인물은 그 제안을 거절한다. 개인이 국가를 이길 수 없을 거라는 오만 때문이었다. 하지만 반

환 결정이 난 후에, 마리아의 제안을 거절했던 바로 그 사람은 마리아가 했던 것과 똑같은 제안을 한다. 불법 취득을 인정하고 보상을 해줄 테니 계속해서 벨베데레 미술관에 전시할 수 있게 해달라고 간청한다. 하지만 이미 마리아의 마음은 떠난 후였다. 개인과 개인, 기업과 기업, 국가와 국가 간 협상에서뿐만 아니라 개인과 국가 간 협상에서도 제로 섬 게임zero-sum game이 아닌 윈-윈 게임win-win game을 지향해야 한다는 것을 이 영화는 보여준다. 결국 오스트리아 정부는 유명 화가 클림트의 대표작 중 하나이자 오스트리아의 문화유산이 될 빛나는 그림을 계속 남게 할 기회를 스스로 버린 셈이다. 국가가 지키지 못했던 유대인 망명자들과 함께 그림 역시 대서양을 건너게 한 것이다.

실화를 바탕으로 했기에 더 감동적인 이 영화는 다시 한 번 우리에게 인생은 짧지만 예술은 길다는 명제를 증명한다. 클림트도 아델레도 더 이상 존재하지 않고 그들이 살았던 격동의 시대 역시 역사 속 이야기로만 남아 있지만, 숙모의 그림을 되찾으려는 마리아의 지난한 싸움 역시 종결되었지만 그 모든 사연을 담은 그림은 여전히 많은 사람들에게 꿈과 환상과 이야기를 건넨다. 그 이야기 중 하나가 바로 영화 〈우먼 인 골드(Woman in Gold)〉이다. 실제로 필자가 뉴욕 노이어 갤러리에서 직접 이 그림을 마주했을 때의 숨 막힐 것 같았던 감동은 이 모든 것이 어우러져서 내게 건네는 메시지의 강렬함 때문이었을 것이다. 결국 남겨진 것은 돈도 군대도 권력도 아닌 한 장의 그림이다. 그 모든 역사를 담고 있는 이 그림은 또한 역사 앞에 승리하기 위해 필요한 것이 무엇인지 보여준다. 잊지 않으려는 노력과 정의가 승리한다는 신념과 맥락을 고려한 협상이 필요하다. 우리 역시 제국주의에 의한 침략의 역사를 겪었다. 국립문화재 연구소의 조사 결과에 따르면 약탈된 우리 문화재는 일본, 미국, 독일, 중국 등지에 15만 점 가량 있으며 그 중 환수된 문화재는 6% 정도에 불과하다. 그만큼 우리는 잊지 않으려는 노력도 정의가 승리한다는 신념도 약하고, 맥락을 고려한 협상에도 소극적인 것이 아닐까. 무엇보다 예술작품이나 문화재의 가치를 과소평가하고 있는 것이 아닌지 생각하게 된다. 나치의 예술품 약탈에 맞서 연합군이 창설한 '모뉴먼츠 맨'은 다음과 같이 말한다. "한 세대를 완전히 말살하고 집들을 불태워도 국가는 어떻게든 다시 일어서지만 그들의 역사와 유산을 파괴하면 존재하지 않았던 것과 같다." 우리는 기억하려는 의지와 그 기억을 품고 있는 문화유산 속에서 비로소 존재하며, '인생은 짧고 예술은 길다.'

〈미라클 벨리에(La Famille Belier)〉(감독 에릭 라티고, 2014)

의지하던 것과
작별할 수 있어야 성장한다

대체불가능의 위험함

한 사람의 성장은 주위 사람들에게도 영향을 끼친다. 천만 영화들이 스크린을 점령한 틈새에서 꾸준히 관객을 감동시키고 있는 영화 〈미라클 벨리에(La Famille Belier)〉에서 한 소녀의 성장은 가족들과 친구들 그리고 관객들까지 성장시킨다. 폴라 벨리에(루안 에머라)는 중학생이지만 이미 어른이 된 듯 의젓하다. 그의 환경이 폴라를 일찍 철들게 만든 것처럼 보인다. 폴라의 부모님과 남동생은 청각장애인이다. 유일하게 들을 수 있는 폴라는 가족들과 세상과의 소통을 돕는 역할을 한다. 가족들의 삶은 폴라에게 의존해있다. 병원에서 폴라는 의사에게는 음성언어로 부모님에게는 수화로 통역한다. 부모님이 만든 치즈를 시장에서 팔 때 고객을 응대하는 것도 폴라의 몫이다. 농장 근처의 땅을 개발하겠다는 시장의 재선에 반대하는 아빠가 청각장애인의 몸으로 출마를 선언하면서 폴라는 더욱 바빠진다.

그런 폴라에게 새로운 세상이 열린다. 첫눈에 반한 남학생을 따라 들어간 합창반에서 음악교사가 폴라의 재능을 발견한 것이다. 폴라는 지금껏 자신의 내면에 응축시키기만 하고 터뜨리지 못했던 감정들을 노래하면서 분출하게 된다. 선생님은 폴라에게 파리에서 오디션을 볼 것을 추천

한다. 합격할 경우 상급학교에서 체계적인 음악수업을 받을 수 있지만 가족들의 곁을 떠나야 한다. 가족들에게 알리지 않고 오디션 준비를 하던 폴라는 결국 그 사실을 털어놓고 가족들의 반응은 폴라에게 상처를 준다. 특히 폴라의 엄마는 아직 어리다고 생각되는 딸을 멀리 보내기 싫은 마음과 폴라 없이 살기 힘들어지는 것에 대한 걱정을 여과 없이 드러낸다. 게다가 가족들 중 유일하게 들을 수 있는 폴라에 대한 미묘한 심경을 표출하여 폴라에게 충격을 준다. 결국 폴라는 오디션을 포기한다. 그러나 합창반 공연에서 노래하는 폴라에게 열광하는 청중들의 모습을 본 아빠는 노래에 대한 딸의 열정을 확인하고 딸을 보내기로 한다.

영화의 원제에서 '가족'이라는 의미의 프랑스어 단어가 등장한다. 그만큼 이 영화에서는 가족 간의 애정을 비중 있게 다루고 있다. 그런데 그 애정은 옆에 두고 간섭하며 소유하는 것이 아니다. 소중할수록 떠나보낼 수 있어야 하고, 사랑하는 존재에게 의지하지 않고도 살아갈 수 있어야 함을 보여주고 있다. 폴라의 아빠는 폴라가 도와주던 농장 일을 대신할 사람을 구하고, 통역 역시 수화를 할 수 있는 다른 사람을 구하며 딸을 떠나보낼 준비를 한다. 농장일도 수화통역도 언제든 또 다른 사람으로 대체할 수 있어야 한다.

우리는 흔히 대체불가능성에 대한 환상을 가지고 있다. 자신의 보살핌이 없다면 아이가 잘못될 것 같은 부모들의 걱정은 과보호나 지나친 간섭으로 이어진다. 연인 간에도 '오직 한 사람'이라는 강박은 상대에 대한 집착으로 이어진다. 사적영역에서 뿐만 아니라 공적영역에서도 대체불가능성에 대한 환상이 많은 사람들을 지배한다. 직장에서도 대체 불가능한 유일무이의 존재가 되어야 한다는 강박관념을 가지고 있다. 그런데 대체 불가능한 사람의 존재는 때로 독(毒)이 될 수 있다. 기업에서 어느 한 사람에 대한 의존도가 심할수록 그것은 기업에 악영향을 주게 된다. 스티브 잡스의 생존 당시 스티브 잡스의 병세에 따라 애플의 주가는 오르내렸다. 스티브 잡스를 대체할 사람이 없다는 환상에서였다. 그러나 스티브 잡스가 없는 현재 애플은 건재하다.

누군가에게 지나치게 의존하는 관계는 건강하지 않다. 언제든지 헤어질 수 있으면서도 헤어지지 않는 사람들만이 진정으로 사랑을 주고받을 수 있다. 부모의 둥지를 떠나지 못하는 아이는 성장하지 못하고 아이에게 집착하는 부모 역시 진정한 어른으로 성장하지 못한다. 오디션 장에서 폴라가 부른 노래의 제목이 '비상(飛上)'이라는 것은 의미심장하다. 자연 상태에서 어떠한 어미 새도 새끼의 날개를 묶어두지 않는다. 새끼 새는 결국 혼자 날아가야 한다.

장애에 대한 새로운 시선

들지 못하는 청각 장애인은 장애 등급 중에서도 일급에 해당된다. 그만큼 장애 정도에 있어서 중증이라는 라벨이 매겨진 것이다. 하지만 그것은 어디까지나 들을 수 있는 사람들의 기준에서 정해진 등급이다. 들을 수 있는 다수는 아름다운 음악을 듣지 못하는 청각 장애인들을 동정하기도 한다. 시청각 매체인 TV, 영화, 뮤지컬 등이 볼 수 있고 들을 수 있는 다수를 중심으로 생산되고 향유되므로 청각 장애인들은 (수화통역이나 자막서비스가 제공되지 않는다면) TV나 영화나 뮤지컬의 세계를 체험하는 데 한계가 있다. TV 프로그램 중에서 청각장애인을 위한 수화통역을 제공하는 경우가 많지 않다는 것과 (청각 장애인을 위한 자막과 시각 장애인을 위한 음성 해설이 제공되는) 배리어 프리barrier free 영화가 많지 않다는 것은 이 사회가 그만큼 소수자를 외면하며 다수 중심으로 흘러간다는 것을 보여준다. 문화산업 관련 법적 제도적 장비가 반드시 필요하다.

청각 장애인들이 영화나 뮤지컬 등을 관람할 수 있도록 필요한 조치를 취하는 것은 그것이, 그들이 이 사회의 시민으로서 가져야 할 당연한 권리이기 때문이지 그들에 대한 동정이나 시혜의 차원으로 접근할 문제가 아니다. 사실 그들이 동정 받을 이유는 없다. 그들이 음악을 들을 수 없지만 그들은 소음을 들을 필요도 없다. 애초에 소리의 세계가 자신의 세계가 아닐 뿐이다. 〈미라클 벨리에〉에서 이 지점을 세심하게 영상화 했다. 이 영화의 하이라이트라고도 할 수 있는 부분인데, 합창부 공연에서 폴라가 이중창을 하는 장면이다. 폴라의 매력적인 고음이 빛을 발하는 노래이고, 영화의 관객은 이 부분에서 폴라의 노래를 감상할 준비가 되어 있다. 그런데 노래가 한 소절도 진행되기 전에 음소거 되고, 이후 청각 장

목의 진동을 통해 딸의 노래를 듣는 아빠

애인인 폴라 부모님의 시선에서 영화가 진행된다. 폴라에게 열광하는 관객의 환호하는 표정과 박수치는 모습에 폴라의 부모는 그저 멍할 뿐이다. 그들에게는 딸의 노래가 들리지 않고, 관객들의 박수도 '들리지' 않고 '보인'다. 음소거 된 화면을 바라보는 영화의 관객은 잠시 폴라의 부모와 같은 입장이 되어 청각장애인들이 경험하는 것과 같은 세계를 경험한다. 하지만 같은 세계를 경험하는 게 아닐 수 있다. 청각장애인이라는 용어보다 '농인'이라는 용어가 더 적절할 수 있겠다. 비청각장애인(비농인)에게는 노랫소리가 들리지 않는 그 순간이 무척 답답하게 느껴지지만, 애초에 노랫소리가 부재한 세계에 살고 있는 청각장애인(농인)에게 그 세계는 답답하지 않고 자연스러운 것이다.

실제로 폴라의 아버지인 로돌프(프랑소아 다미앙)는 듣지 못하는 것을 '장애'로 인식하지 않고 단지 자신의 '정체성'이라고 생각한다. 심지어 폴라의 어머니는 폴라가 들을 수 있는 아이여서 처음에는 실망했다고까지 말한다. 부모와 남동생이 모두 청각장애인(농인)인 가정에서 들을 수 있는 비농인으로서 살아야 하는 폴라의 고충을 사실상 폴라의 부모조차 완벽하게 이해하지 못한다. 게다가 노래를 잘하는 폴라의 재능은 가족과 공유할 수 없는 것이어서 폴라는 더욱 힘들어진다. 오디션 장에서 폴라는 객석에 앉아 있는 부모를 위해 수화를 곁들여 노래하지만, 그래서 부모가 노래의 가사를 이해하지만 폴라의 목소리를 들을 수 없으니 폴라가 목소리를 통해 전달하는 감정을 온전히 수용할 수 없다. 자식이 천상의 목소리를 가졌지만 부모가 그것을 알 수 없는 것이 안타까운 일일 수 있다. 그러나 (장애인이 아닌 경우에도) 자식의 세계를 부모가 모두 느끼고 이해하고 공유하는 것은 아니다. 자식이 하는 일을 부모가 잘 모르는 경우도 많고, 자식이 이룬 성취에 대해서도 상(賞)과 같은 보상으로 그 일의 가치를 알 뿐, 그 일 자체의 가치를 완전히 이해했다고 보기는 어렵다. 즉 폴라의 부모가 폴라의 아름다운 목소리를 듣지 못하고 그로 인해 폴라의 뛰어난 재능을 직접 체감하지는 못한다고 해서 그게 그렇게 특별하게 비극인 것도 아니다.

결국 장애인을 비장애인의 시선에서 바라보며 동정하는 것도 온당하지 않으며, 장애를 특권화 하는 것도 옳지 않다. 폴라는 이중창을 함께 연습하기 위해 집을 방문한 친구 가브리엘(일리안 베르갈라)에게 무례하게 대하는 부모에게 "안 들린다고 다 용서되는 게 아냐"라고 말한다. 폴라의 어머니는 아들 쿠엔틴(루카 젤베르)과 폴라의 친구인 마틸드(록산느 듀란)의 관계를 알고 지나치게 아들만을 두둔하는 모습을 보이는데, 자기자식만을 편드는 한국의 일반적인 부모들의 모습과 아주 닮아 있어서 흥미롭다. 장애인을 바라보는 감독의 시각이 세심할 뿐만 아니라 공정하다는 것을 이 지점에서 확인할 수 있다. '장애'를 '열등함'으로 치환하여 무시하거나 경원시하는 것 못지않게 '장애'를 (봐 줘야 할) '특권'으로 치환하는 것 역시 차별이고 배제이고 타자화이다. 장애인 전용 주차장은 장애인의 권리지만, 장애인이라고 해서 교통신호를 위반해도 되는 것은 아니다. 장애인이 범죄를 저질렀다면 비장애인과 똑같이 처벌받아야 한다. 장애인이라고 해서 더 매도당해도 안 되고 관대한 처우를 받아서도 안 된다. 장애인도 (비장애인과 마찬가지로) 사랑하고 결혼하고 아이를 낳을 수 있지만, 장애인을 위해서 성매매를 합법화 하자는 주장은 어불성설이다. 장애인은 자신의 인간적인 매력과 능력을 통해 사랑할 수 없는 존재라는 전제하의 주장이기에 이는 오히려 장애인에 대한 몰이해와 모욕을 내포한다.

영화 〈미라클 벨리에〉는 농인 부모와 비농인 딸(코다Children Of Deaf Adult) 그리고 농인 아들로 구성된 가족의 이야기를 통해 소녀의 성장과 부모의 성장을 감동적으로 다루었을 뿐만 아니라 장애에 대한 기존 시선을 자연스럽게 뒤집었다. 남성이 시민으로서의 권리를 가지는 것은 남자가 선하거나 지적이어서가 아니라 시민이기 때문이다. 여성이 시민으로서의 권리를 가지는 것도 여자가 선하거나 지적이어서가 아니라 시민이기 때문이다. 백인이 시민권을 가지는 것은 피부색이 하얗기 때문이 아니라 시민이기 때문이다. 흑인이 피부색이 검다고 해서 시민권을 못 가진다면 공정하지 않다. 장애인과 비장애인과의 차이는 장애인 내부에서 장애인들끼리의 차이나 비장애인들 사이에서 비장애인들끼리의 차이보다 크지 않다. 열 명의 비장애인들이 다 다르듯이 열 명의 장애인들도 다 다르다. 결국 벨리에의 가족도 수많은 가족들 중 하나일 뿐이며 그들 나름대로의 사연을 가지고 행복해지기 위해, 비상하기 위해 애쓸 뿐이다.

〈마션(The Martian)〉(감독 리들리 스콧, 2015)

과학기술에서
인간의 얼굴을 느끼다

우주, 가장 영화적인 소재

우주는 인류에게 호기심과 동경과 두려움의 대상이다. 오랫동안 인류
는 미지의 세계인 우주를 탐사해왔다. 영화매체의 기술과 상상력은 우주
의 모습을 다양하게 형상화하며 인류의 노력을 점점 더 정교하게 스크린
에 재현한다. 최근 3년 동안 거장들이 스펙터클로 완성한 우주는 시간과
공간, 인간존재의 근원적 고독과 삶에 대한 열망 그리고 휴머니티를 온
몸의 감각으로 체험하는 가상현실이다. 알폰소 쿠아론 감독의 〈그래비티
(Gravity)〉(2013)는 먹먹할 정도로 거대하게 다가오는 우주공간의 적막과
고독을 묘사하는 과정에서 테크놀로지의 절정을 보여주었고, 크리스토퍼
놀란 감독의 〈인터스텔라(Interstellar)〉(2014)는 가족애와 인류구원이라
는 동기에서 시작된 우주여행에서 공간과 시간의 본질을 파고드는 물리학
의 향연을 펼친다. 반면 앤디 위어의 동명소설을 기반으로 한 영화 〈마션
(The Martian)〉은 우주에서의 재난을 묘사한 다른 영화들에서 볼 수 없는
독특한 분위기를 가진 감동적인 드라마이다. 〈마션〉의 특이한 분위기를
형성하는 것은 러닝 타임의 거의 절반을 일인극으로 이끌어가는 주인공
마크 와트니(맷 데이먼)의 놀라울 만큼 낙천적인 캐릭터와 천재들의 팀워
크이다. 〈마션〉의 서사를 진행시키는 구심점은 과학기술에 대한 신뢰이

며, 합리적이고도 인간적인 시스템이 이루어내는 기적이 관객들을 몰입하게 한다.

화성에서도 매력적인 지구인

화성탐사선 '아레스3'의 대원들은 화성탐사도중 모래폭풍을 만난다. 사고를 당한 마크 와트니에게서 생체반응을 느낄 수 없자 대원들은 그가 죽은 줄 알고 화성을 떠난다. 와트니는 극적으로 살아났고 자신의 상황을 냉정하게 파악한다. 어떻게든 미 항공우주국 나사(NASA)에 자신의 생존 사실을 알려야 하고, 나사에서 구조대를 파견해도 화성까지는 4년의 시간이 걸리므로 그때까지 스스로 생존해야 한다. 그가 생존하는 데 결정적인 역할을 한 것은 그의 지식과 낙천성이다. 와트니는 1997년에 미국에서 발사한 화성탐사선 패스파인더를 찾아 나사와의 교신에 성공한다. 태양패

화성탐사선 '아레스3'의 대원들

영화로 쓰는 러브레터

화성에 홀로 남겨진 와트니의 사투는 외롭지만 암울하지 않다.
와트니가 포기하지 않을 수 있었던 힘은 '처절함'이 아닌 '낙관'으로부터 나온다.

널들을 연결시켜 충전지를 만들고, 방사능 플루토늄을 이용하여 혹독한 추위를 견딘다. 또한 산소와 수소를 결합시킨 후 불을 붙이는 방식으로 물을 만들어 감자를 재배하는 데 성공한다. 이러한 일련의 과정들 속에서 와트니는 의기소침해지지 않는다. 화성에 홀로 남겨진 것을 인식한 순간 아주 잠시 망연자실했던 와트니는 곧 "난 여기서 죽지 않아."라는 독백을 발화한다. 그리고 살아남기 위해 당면한 문제들을 하나하나 해결해간다. 그 과정에서 그가 보여준 유머감각은 관객까지 유쾌하게 만들고 삶에 필요한 것이 무엇인지를 느끼게 한다.

　그에게도 물론 좌절의 순간은 있었다. 급격한 수소와 산소의 결합으로 폭발이 일어나 감자밭을 잃고, 나사에서 보낸 보급품을 실은 로켓은 발사 직후에 폭발한다. 와트니는 그가 죽을 수도 있다는 사실을 잘 알고 있다. 그렇기에 지휘관인 루이스 대장(제시카 차스테인)에게 보낸 메시지에서 자신이 죽는다면 자신의 부모님에게 "나의 일을 사랑했고 나 자신보다 아름답고 위대한 것을 위해 죽었다”고 전해달라고 말한다. 그러나 곧 이어서 그는 매일 저녁 화성의 지평선을 바라보고 있다고 덧붙인다. “그렇게 할 수 있으니까요”라는 보이스 오버 내레이션과 함께 화면 가득히 화성의 지평선이 펼쳐진다. 요르단의 와디럼 사막에서 촬영된 화성의 지평선을 바라보는 와트니의 모습도 카메라에 조명된다. 몽환적이고 아름다운 배경 속에 홀로 앉아있는 인물의 시점 쇼트만으로도 그의 심경이 응축되어 전달되며 살아있음이 처연할 정도로 아름다운 것임을 느끼게 하는 압도적인 장면이다. 적어도 그 순간 와트니는 분명 살아있고 화성의 지평선을 바라보는 일은 와트니가 할 수 있는 일인 동시에 그만이 할 수 있는 일임을 와트니도 관객도 느끼게 된다. 죽을 수도 있다는 것을 부정하지 않으면서 집으로 돌아가기 위한 노력을 포기하지 않는 와트니의 의연한 모습은 인간이 얼마나 강하고 아름다운 존재일 수 있는지 보여주고 감탄할 만큼 뛰어난 낙천성의 근원이 무엇인지 질문하게 한다. 그 근원에는 동료애와, 나사의 집단지성이 보여준 과학기술의 힘과 합리적인 시스템 그리고 자국민을 버리지 않는 미국의 자존심이 있었다.

부러운 집단지성과 합리적인 시스템

우주선 헤르메스호에 승선한 채 임무를 마치고 지구로의 귀환을 앞두고 있던 동료들은 와트니를 구조하기 위해 항로를 변경하기로 한다. 헤르메스호가 지구의 중력을 이용하여 가속하면서 방향을 바꿔 화성으로 향하는 방식은 실제로 우주 탐사선들이 사용하는 방법이다. 주도면밀한 계획을 세웠지만 여러 단계 중 한 가지만 어긋나도 대원들이 모두 죽을 수 있다. 책임감과 냉철함과 인간미가 어우러져 신뢰할 수 있는 리더의 전형

화성에서 감자를 재배하려고 준비하는 와트니.
무모한 시도였으나 과학 지식과 긍정의 힘으로 결국 해낸다.

을 보여주는 총지휘관 루이스 대장은, 나사의 반대와 상관없이 대원들에게 결정을 맡긴다. 그들이 만장일치로 와트니의 구조를 결정하는 데에는 오랜 시간이 걸리지 않았다. 위험을 무릅쓴 결정이지만 도박은 아니다. 그들이 와트니에게 향할 경우 모두 죽을 수 있는 확률도 작지 않지만 그들이 와트니에게 가지 않는다면 와트니는 백퍼센트 죽을 수밖에 없다. 대원들이 결단하고 행동에 옮기자 헤르메스호의 항로 변경을 허락하지 않았던 나사도 그들을 지원하기에 이른다. 한 사람을 구하기 위해 여러 사람이 위험을 감수하고 천문학적인 비용을 지불하며 사회시스템의 구성원 전체가 한 마음이 되어 구조를 기원하고 결국 성공하는 장면은 감동적이며 부러운 광경이고 화성에서 감자재배에 성공한 것보다 더 판타지처럼 느껴지는 지점이다. 현재 대한민국의 사회시스템은 한 사람의 생명을 그다지 소중하게 여기지 않는다는 인식 때문일 것이다. 심지어 무책임한 선동적 명분으로 소수의 희생을 강요하기 때문일 것이다. 대한민국의 리더도, 관료들도, 전문가 집단도 자국민을 지켜주기에 무능하다는 것을 목격했기 때문일 것이다. 일례로 세월호 사건에서 우리는 정부와 사회시스템의 무능과 무책임을 절실하게 깨달았다. 우주선을 타고 몇 년을 날아가야 하는 거리가 아닌 대한민국 영토 안, 그것도 해경이 충분히 출동할 수 있는 가까운 바다에서 침몰한 배에서 어린 생명들이 죽어가는 모습을 지켜보고 있게만 만든 무능함과 그 누구도 책임지지 않는 무책임한 사회시스템 안에서는 제아무리 과학지식이 풍부한 천재라도 긍정의 힘을 발휘할 수 없다.

하지만 냉소와 비관에 빠질 필요는 없다. 한 사람을 구조하기 위해 많은 사람들이 시간과 비용과 노력을 들여 애쓰는 영화 속 장면과 유사한 상황을 우리의 현실에서도 분명히 볼 수 있기 때문이다. SBS 프로그램 〈TV 동물농장〉을 보면서 감동하게 되는 부분인데, 하수구에 고립된 고양이 한 마리를 구조하기 위해 온갖 전문가들이 동원되고 교통까지 통제할 때도 있다. 그 상황에서 모두가 한 마음 한 뜻이 되어 위험에 빠진 한 생명을 구조한다. 누구도 그 한 생명을 하찮게 여기지 않고 구조에 성공했을 때 모두 같은 마음으로 기뻐한다. 선한 에너지의 집결이 현재 대한민국 사회에서도 불가능하지 않은 것이다. 경직되어 무능한 관료시스템이 합리적인 융통성을 가지게 된다면 우리가 가진 집단지성도 놀라운 힘을 발휘할 수 있다. 어느 사회에서든 누군가는 살리고 누군가는 죽인다. 두말할 필요 없이 죽이는 삶보다는 살리는 삶이 가치 있다. 과학기술 역시 생명을 살리는 데 그 의의가 있다.

〈마션〉은 와트니가 보여준 낙천성과 예술적이라고까지 느껴지는 팀워크가 어디서 꽃피울 수 있는지 그 토양이 무엇인지를 행동으로 보여주는 영화이다. 〈마션〉을 보면서 관객들은 과학의 세계에 매료되고 과학기술에서 인간의 얼굴을 느끼게 된다. 무조건적으로 긍정의 힘을 강요할 수는 없다. 과학기술이 생명을 죽이는 데 사용되는 것이 아니라 생명을 살리는 데 사용될 때, 뜨거운 심장과 더불어 냉철함을 가진 지휘관을 신뢰하고 따를 수 있을 때, 국가가 자국민을 지켜줄 수 있을 때, 인류애를 발휘하는 것이 자국에도 이익이 됨을 깨닫게 될 때, 하나의 생명도 소중히 여기는 문화적 환경이 조성될 때 긍정의 힘이 발현된다. 〈마션〉은 과학기술에 선한 의지를 부여할 수 있다고 믿고 그것이 인류의 밝은 미래를 약속할 수 있다는 메시지를 담은 유쾌한 긍정의 영화이다. 화성을 여행하고 싶다는 생각이 들게 만든다.

〈스타워즈: 깨어난 포스〉(감독 J. J. 에이브람스, 2015)

사유의 '포스'가
한국판 스타워즈 만든다

선과 악에 대한 문화적 사유

영화 〈스타워즈〉는 문화상품을 넘어 하나의 브랜드이자 신화이다. 1976년에 첫 선을 보인 〈스타워즈〉 시리즈는 2015년 일곱 번째 에피소드 '깨어난 포스'에 이르기까지 40년의 시간을 관통하여 영화매체가 보여줄 수 있는 모든 것을 보여주었다. 선과 악에 대한 철학적 사유, 정치에 대한 고찰, 우주에 대한 상상력, 모든 감각을 열고 집중하게 하는 기술력 등을 총망라한 〈스타워즈〉의 이야기는 아직 끝나지 않았다. 천문학적인 수익과 더불어 〈스타워즈〉는 문화의 영향력을 보여주는 미국의 자부심이다.

〈스타워즈〉 시리즈는 할리우드의 자본과 인력에 기대고 있지만 인간과 사회에 대한 보편적 가치를 탐구한다. 조지 루카스 감독이 〈스타워즈〉를 구상할 때 미국의 신화학자 조지프 캠벨로부터 도움을 받았으며, 일본인 감독 구로사와 아키라의 영화에서 영감을 얻었다. 동서양의 문화적 사유를 아우른 〈스타워즈〉의 주된 테마는 선과 악의 대결이지만 이를 '권선징악'이라고 단순히 말할 수 없다. 시리즈 전편을 통틀어 세심하게 묘사하고 있는 것은 선과 악이 같은 뿌리에서 자라난다는 것이다. 태생적인 악의 축으로 보였던 아나킨이, ('내가 네 아버지다'라는 전설적인 대사와 함께) 선의 축에 속한 제다이 루크의 아버지라는 설정은 충격이상의 사유

강력한 포스를 내재한 여성 제다이뿐만 아니라 흑인이 주요인물로
등장한 것은 '스타워즈' 시리즈의 진보성과 현대성을 표상한다.
기존의 신화 위에 새로운 신화가 시작된다.

를 요구한다. 아나킨이 자신의 힘과 탐욕 때문에 악인이 되어가는 상황을
상세히 재현함으로써 선과 악이 따로 존재하는 것이 아니라는 메시지를
생생하게 전달한다.

　〈스타워즈〉의 상징이자 힘과 에너지 그 자체인 '포스' 역시 양면성을
가지고 있다. 분노, 질투, 지배욕, 두려움 등은 어둠, 즉 다크 사이드의 힘
이다. 수많은 생명을 죽이고 행성 자체를 파괴하는 다크 사이드를 저지하
기 위해서는 다크 사이드보다 더 강한 포스가 필요하다. 이때 선한 힘도
언제든 다크 사이드의 힘이 될 수 있기에 끝없이 성찰해야 한다. 자신의
내면에 있는 어둠을 몰아내기 위해서도 힘이 필요하다. 영화 〈괴물의 아
이〉(감독 호소다 마모루, 2015)에서 인간은 "약하기 때문에 마음에 어둠
이 있는 존재"로 규정된다. 약(弱)하기 때문에 악(惡)해지는 것이다. 〈스
타워즈〉의 일곱 번째 에피소드 '깨어난 포스'에서 새로 등장한 악인 '카일

로 렌'(아담 드라이버)은 선한 포스의 중심에 있는 부모에게서 태어났지만 과도한 욕망과 두려움을 이기지 못하고 악의 축에 선 약한 인간의 모습을 보여준다. 스스로의 강함을 증명하기 위해 아버지를 죽이는 그의 모습에서 연민이 느껴질 정도이다.

더불어 이번 에피소드에서는 시대의 변화를 반영하며 시리즈에 새로운 활기를 불어넣었다. 무엇보다 눈에 띄는 변화는 여성이 주인공으로 등장하여 〈스타워즈〉 시리즈 최초의 여성 제다이의 탄생을 예고한 것이다. '남성성'이 생명을 죽이는 힘이었다면, 생명을 살리는 힘으로서 '여성성'을 내세운 것인데, 스스로 자신의 포스를 깨닫는 여주인공 레이의 조력자로서 흑인이 중심인물로 등장한 것도 〈스타워즈〉 시리즈에서 처음 있는 일이다. 게다가 그는 제국군 출신이다. 명령에 복종만 해야 하는 용병이자 부속품 같은 인간이 저항을 선택한다는 설정은 평범한 인간의 내면에 잠재된 힘과 가능성을 깨닫게 한다. 이 새로운 에피소드는 최근 미국 정치의 역학관계를 은유하고 있어 무척 흥미롭다.

아버지 죽이기

〈스타워즈〉 시리즈를 관통하는 핵심적인 테마는 선과 악에 대한 집요한 사유, 힘에 대한 고찰과 더불어 '아버지 죽이기'이다. 악한 아버지를 죽이는 루크와 선한 아버지를 죽이는 카일로 렌의 이야기를 보면서 많은 이들이 오이디푸스 신화를 말한다. 문학과 영화에서 계속 형상화 된 '아버지 죽이기'는 억압에 대한 저항이었고, 기존질서에 대한 문제제기였으며, 익숙했던 것과의 결별이었다. 무엇보다 '아버지 죽이기'를 통해 기존질서에 의해 억눌리고 착취된 이들이 해방될 수 있었다. 스스로 자기 눈을 찌

르는 고통이 수반된다고 해도 피해갈 수 없는 인류의 숙명처럼 여겨지기도 한다. 아버지를 죽이고 성장해야 하는 아들의 신화적인 숙명이며, 아버지 죽이기를 통해 어머니로 표상되는 것들을 지킬 수 있다. 아들은 아버지를 죽이고 온전히 자신으로서 존재한다. 아버지의 그늘에서 안락하다고 해도 아버지를 죽이지 않는다면 영원히 2인자로 남는다. 아버지의 길을 답습하기만 할 때 최선의 결과는 현상유지이다. 하지만 반복은 결국 퇴보로 이어진다.

반면 '아버지 죽이기'가 기존질서의 전복이 아니라 단지 아버지의 힘과 권력을 자기 것으로 만들기 위해서인 경우도 있다. 아버지의 힘을 욕망하지만 그 힘이 너무 거대해서 그에 대한 두려움으로 아버지 죽이기를 감행하기도 한다. 이 경우에도 어떤 식으로든 변화의 조짐은 시작된다. 문제는 '아버지 죽이기' 대신 '아버지의 이름으로' 살려는 경우이다. '효'를 이데올로기화 하고 '군사부일체'를 절대적 가치로 내면화했던 봉건 조선시대의 지배 이데올로기를 현 시대에도 외치는 사람들이 있다. 그것이 자신들의 기득권을 지키기에 유리하기 때문이지만 그런 속내는 숨기고 이를 '도덕'이니 '윤리'로 포장한다. 한국사회는 오랫동안 가부장적인 대통령을 향한 복종을 강요했고, 한국의 기독교는 가부장적인 신을 말한다. 심학봉 의원의 "아버지 대통령 각하"와 보수 개신교의 "하나님 아버지" 그리고 북한의 "김일성 어버이 수령"은 같은 맥락에 존재한다. 부림 사건 판사였던 사회부총리 겸 교육부 장관 황우여는 "역사는 국가에서 가르쳐야 한다"고 주장하며 역사교과서의 국정화에 앞장섰다. 무서운 일이다. 마치 나치 같다. 권력의 편에 서려고 하는 이들이 바라는 것은 '현상유지'이며 현상유지는 곧 '보수'로 연결된다.

여성 제다이의 탄생, 스스로 자신의 포스를 깨닫는 레이

한솔로와 츄바카의 등장은 '스타워즈' 시리즈가 연속성을 가지고 있음을 보여주며, 관객으로 하여금 그 시절에 대한 추억에 잠기게 하고 현재의 관점에서 과거를 사유하는 것을 가능하게 한다.

문학과 영화는 기본적으로 보수의 포지션에 있을 수 없다. 문학도 영화도 새로운 가치를 만드는 것이며 보수의 포지션에서는 새로운 가치를 만들 수 없기 때문이다. '아버지 죽이기'를 하지 않고서는 새로운 가치를 만들 수 없다. 하지만 지금의 청년들은 '아버지 죽이기'를 감행할 생각도 의지도 없다. 청년층도 보수화 되었고 조로(早老)의 상태이다. 게임의 규칙을 바꾸려고 하지 않고 그저 주어진 상황에 적응하려고 안간힘을 쓴다. 하지만 아무리 안간힘을 써도 게임의 규칙을 바꾸지 않고서는 도저히 이길 수 없고 생존자체의 가능성도 불투명하다. 세월호에 갇힌 아이들은 움직이지 말라는 어른들의 말을 너무 잘 들었고 결국 죽었다. 청년층의 미덕은 변화를 이룰 수 있는 에너지에 있다. 젊은이들의 반골기질이야말로 문제를 인식하고 질문하며 앞으로 나아갈 수 있는 힘이다. 아버지가 바라지 않는 방향으로 강렬하면서도 처연하게 이루어지는 소년의 성장이야말로 자유를 향한 발걸음이 될 수 있다.

　여기서 아쉬움과 의문이 생긴다. 한국영화는 왜 40여 년에 걸쳐서 시리즈로 제작할 수 있는 콘텐츠를 생산하지 못하는 걸까? 왜 우리는 선한 힘과 악한 힘에 대한 근원적인 사유를 풀어가지 못할까? 왜 우리는 '아버지 죽이기'에 성공하지 못하고 비슷한 역사를 반복하는 것일까? 우리의 문화적 영향력은 어느 정도인가? '한류'는 과연 그 힘이 창대한가? 시공간을 가로지르는 보편적인 가치를 추구하며 희망과 비전을 제시할 수 있는 한국문화콘텐츠의 탄생을 바란다. 인간의 내면에 존재하는 선과 악의 실타래를, 개인의 총합 이상인 사회가 어떻게 풀어갈 수 있을지 사유하는 한국영화의 상상력을 기대한다.

〈시간을 달리는 소녀〉(감독 호소다 마모루, 2006)

시간여행의 끝엔...
낙원은 없고, 현재만 있다

시간을 되돌릴 수 있다면......

1월1일에 이어 설날 아침에 두 번째 새해인사를 나누다보면 마치 리셋 버튼을 눌러 다시 새해를 시작한 것 같은 느낌이 든다. 새해 첫 날 세웠던 각오가 느슨해질 무렵 음력으로 다시 새해를 시작하는 기분이 나쁘지 않다. 하지만 그렇다고 해서 우리에게 시간이 더 주어진 것은 아니다. 외국에 나가 시차를 체험할 경우도 비슷하다. 어떤 경우에는 몇 시간을 잃어버린 것 같고 어떤 경우에는 몇 시간을 더 얻은 것 같지만 시간은 철저하게 비가역적이다.

우리는 되돌릴 수 없는 시간을 안타까워한다. 어느 특정 순간 나의 선택에 후회가 생길 경우에 더욱 그러하다. 내가 했던 일 혹은 하지 않았던 일에 대한 후회가 클수록 우리는 시간을 되돌리고 싶어 한다. 과거로 돌아가고 싶어 하는 마음은 인생을 다시 살고자 하는 소망이기도 하다. 돌아가서 다시 하면 더 잘할 것 같기도 하다. 나의 상황을 더 좋게 만들 수 있고, 주변 사람들을 위해 더 좋은 선택을 하며 나아가서 사회를 변혁하고 역사를 바꾸는 단초를 마련할 수 있다고 기대하기도 한다. 영화의 상상력은 '시간여행'에 관한 여러 이야기들을 펼쳐왔다. 〈시간을 달리는 소녀〉〈나비 효과〉(감독 세스 그로스먼, 2009) 〈어바웃 타임(About

Time)〉(감독 리차드 커티스, 2013) 〈이프 온리(If Only)〉(감독 길 정거, 2004) 〈백 투 더 퓨처(Back to The Future)〉 시리즈 등, 얼핏 떠오르는 영화만도 여러 개다. 그만큼 사람들이 과거를 바꿈으로써 현재를 바꾸고 싶어 한다는 것을 알 수 있다.

그런데 시간여행을 소재로 한 대부분의 영화들에서 자신이 원하는 대로 과거의 어느 순간을 바꿨을 때 그 결과는 만족스럽지 못했다. 예상치 못한 다른 문제가 발생하고 그로 인해 주변사람들이 피해를 입거나 관계 자체가 엉망이 되기도 한다. 나비의 날개 짓이 지구 반대편에선 태풍을 일으킬 수도 있다는 카오스 이론(Chaos Theory) 그대로, 과거로 돌아가 한 가지를 바꿨을 뿐인데 파생되는 결과는 예견치 못한 어마어마한 것이 된다.

〈시간을 달리는 소녀〉에서 우연히 타임 리프(Time Leap) 능력을 획득하게 된 마코토 역시 처음에는 자신의 능력이 행복하기만 했다. 천진난만한 마코토는 자신의 능력을 거창한 곳에 쓰지 않는다. 동생이 먹어버린 푸딩을 먹기 위해서, 지각하고 시험을 망치고 요리실습 때 불을 내버린 시간들을 되돌리기 위해서, 심지어 노래방에서 한 시간 요금을 내고 열 시간 동안 노래를 부르기 위해 타임 리프 능력을 쓴다. 용돈이 떨어지면 다시 용돈 받는 날로 돌아가서 계속 용돈을 채울 수 있다고 즐거워하는 마코토를 바라보며 마코토의 이모는 "네가 얻은 행운만큼 누군가는 불행해지지 않았을까"라고 말한다.

실제로 그랬다. 마코토가 시간을 돌려 사고를 피한 대신 예견치 못한 더 큰 사고들이 이어졌다. 마코토가 계속 용돈을 받는다면 누군가는 계속 용돈을 주어야 한다. 재화와 기회, 행운/불운까지 제로섬(zero-sum)의 원칙에 따라 작동하는 것이다. 만약 타임 리프 능력을 사용하여 당첨될 로

예정된 시간과 정해진 방향이 어긋나는 찰나의 순간에 일어나는
사건 사고의 메타포로 사용된 기찻길

또복권을 구입한다거나 가격이 오를 주식을 산다고 해도 그것이 결코 행복한 미래를 보장하지 못한다는 것을 시간여행을 소재로 한 모든 영화에서 역설하고 있다. 지나간 시간의 어느 한 순간이 아무리 후회스럽다고 해도 어쩌면 그것이 최선이었을 수도 있음을 말하고 있다.

시간여행의 끝엔... 낙원은 없고, 현재만 있다

예측불가능하기에 의미 있는 삶

인과관계는 선형적이지 않고 촘촘한 그물망처럼 복잡하다. 한 가지를 바꿨을 때 나타나는 결과 역시 다양한 경우의 수를 가지고 있다. 여러 경우의 수를 철저하게 계산해서 최선의 선택을 한다고 해도 그것이 정말 최선이 될 수 있을지도 확실하지 않다. 유전공학의 발달로 암을 일으킬 수 있는 유전인자를 제거해 버렸을 때, 면역력을 생성하는 유전인자도 같이 제거되는 것처럼 유기체인 인간들이 모여 이루어지는 여러 사건 상황들은 예측 불가능하다. 그 예측 불가능이 삶의 불가해함과 희망과 매력이기도 하다.

어차피 우리는 시간을 되돌릴 수 없다. 지구 반대편에서는 나와 다른 시간대를 살고 있다고 해도 시간의 비가역성이 달라지는 것은 아니다. 우주여행에서 중력의 차이에 의해 지구에서와 다른 시간대에 살 수 있으며 그것이 과거 혹은 미래의 시간으로 가는 것과 같을지라도 우리가 시간을 되돌리고 싶어 하는 목적을 달성할 수는 없다. 시간여행을 소재로 한 많은 영화들이 결국 한 가지 결론으로 향하는 것도 시간의 비가역성과 삶의 복합적인 관계망이 갖는 예측불허의 의미 때문일 것이다. 예측가능하다면 삶은 재미도 의미도 없지 않을까. 또한 시간을 되돌릴 수 없다고 해서 우리에게 단 한 번의 기회만이 주어지는 것은 아니다. 한 가지 가능성을 잃었을 때, 다른 가능성이 그 자리를 채울 수 있다.

과거를 바꿔서 현재를 바꾸는 대신, 현재를 바꿔서 미래를 바꾸는 것이 우리가 할 수 있는 일이다. 시간을 되돌릴 수 없기에 지금 이 순간이 소중하다. 계속해서 과거를 향해 시간을 달렸던 마코토는 미래에서 자신을 기다리고 있을 사람을 향해 달리기 시작한다. 미래는 불확실하지만 그래도 우리는 많은 약속들을 하며 그 약속들 중 상당수는 지켜진다. 미래를 예측할 수 없기에 우리는 꿈을 꾸고 계획을 세우며 각오를 다진다. 과거에 이루지 못한 꿈은 아쉽지만 새로운 꿈을 꿀 수 있다. 지금 이 순간 나의 작은 날개 짓이 가까운 미래에 주변 사람들에게 큰 영향을 끼칠 수 있다.

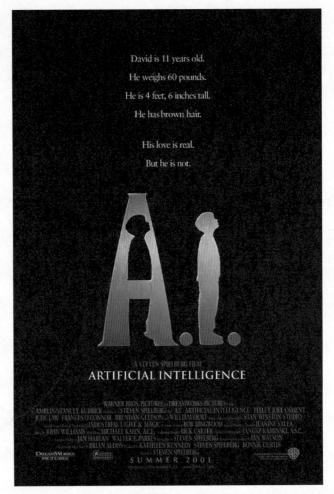

〈A. I.〉(감독 스티븐 스필버그, 2001)

매트릭스가 예견한
'알파고와 인간'

영화가 예견한 오래된 미래

　인공지능 컴퓨터 알파고(AlphaGo)와 이세돌 9단과의 바둑대결은 흥미롭게 시작했다가 충격적으로 끝났다. 우리는 이 대결을 통해 인류의 과거와 현재와 미래를 성찰할 수 있어야 한다. 대결이 시작되기 전 에릭 슈미트 알파벳 회장은 "누가 이기든 인류의 승리"라고 말했다. 알파고에게 세 번을 내리 패배한 후 이세돌 9단은 "이세돌이 패했지 인간이 패한 것이 아니다."라고 선언한다. 여기서 인류의 역사와 함께 해 온 인간중심주의를 읽을 수 있다. 인간은 소위 '만물의 영장'이기에 자연을 정복하고 다른 동물들을 죽일 수 있다고 생각해온 인간의 오만함은 인간과 자연과의 관계를 지배와 피지배의 관계로 설정해왔다. 때문에 생존에 필요한 것 이상으로 개발과 학살이 이어져온 것이다. 거대한 자연재난 앞에서 속수무책일 때조차 인간은 겸손해지지 않았다. 좀 더 맛있는 육질의 고기를 얻기 위해서 살아있는 동물을 나무에 매달고 때리는 일도 부끄러워하지 않았다. 이제 인간의 우월한 지위에 위협이 될 것 같은 인공지능이 가까이 다가온 시점에서 어떤 이는 기계가 인간을 지배하는 시대가 될지도 모른다는 두려움을 표출한다. 어떤 이는 기계가 인간의 '마음'이나 '감정'을 결코 가질 수 없다고 이야기하며 애써 무시하려 한다.

인간의 눈빛과 인간의 마음을 가진 인공지능 로봇 아이를 인간의 아이와 구별하는 것이 가능할까? 왜 구별해야 할까? 이제는 이러한 질문을 제기할 때가 되었다.

인간과 인공지능의 관계를 가장 많이 다룬 매체는 영화이다. 〈2001: 스페이스 오디세이〉(감독 스탠리 큐브릭, 1968), 〈매트릭스〉(감독 라나 워쇼스키&릴리 워쇼스키, 1999), 〈터미네이터〉 시리즈, 〈공각기동대〉(감독 오시이 마모루, 1995), 〈A. I.〉, 〈그녀〉(감독 스파이크 존즈, 2013), 〈어벤져스: 에이지 오브 울트론〉(감독 조스 웨던, 2015) 등 SF영화에서 인공지능은 인간의 지배자가 되거나 혹은 인간보다 더 '인간적인' 존재로 묘사된다. 사실상 알파고는 이미 영화에서 훨씬 전에 예견된 '오래된 미래'이다. 그런데 인공지능을 소재로 한 영화에서 탐구하고 있는 것은 사실상 인공지능이 아니라 인간이다. 인공지능이 정복자나 지배자로 묘사되든 또는 '인간적인' 감정과 마음을 가진 존재로 묘사되든 인간의 피조물인 인공지능은 인간과 아주 많이 닮았다.

영화 제목 자체가 '인공지능'을 의미하는 〈A. I.〉는 인공지능 로봇을 통해 인간이라는 존재의 이기적이고 잔인한 민낯을 보여준다. 감정을 지닌 인공지능 로봇인 데이비드(헤일리 조엘 오스먼트)가 한 가정에 입양된다. 데이비드를 입양한 스윈튼 부부에게는 '마틴'이라는 친아들이 있다. 마틴은 불치병에 걸려서 치료약이 개발될 때까지 냉동되어 있는 상태이다. 남편 헨리(샘 로바즈)의 입양 추진에 아내 모니카(프란시스 오코너)는 부정적인 반응을 보이지만, 헨리는 마음에 안 들거나 필요가 없어지면 반품해서 폐기처분 하면 그뿐이라고 말하며 데이비드를 집에 데려온다. 이런 풍경은 낯설지 않다. 인간의 필요에 의해 입양된 반려동물도, 그들이 분명 감정을 가지고 있는 생명체임에도 불구하고 더 이상 필요 없어지면 인간에 의해 버려진다. 필요 없어지면 폐기처분 되는 것은 인간과 인간 사이에서도 드물지 않게 일어나는 일이다. 감정을 가진 인공지능 데이비드를 만든 하비 박사(윌리엄 허트)는 윤리적 문제를 제기하는 기자에게 '데이비드는 항상 아이의 상태이고 사랑스러우며 병도 안 난다'고 말한다. 하비 박사의 이러한 언술은 인간의 잔혹한 측면을 압축적으로 보여준다. '사랑이라는 감정을 가진 로봇을 만들 수 있느냐 보다 인간이 그들을 사랑 할 수 있는지가 더 큰 문제'라는 기자의 지적은 문제의 핵심을 정확히 간파했다. 인간은 '그들을' 사랑할 수 있는가. 이때 '그들'의 범주에는 인공지능 로봇뿐만 아니라 반려동물을 비롯한 다른 생명체들 그리고 나와 '다른' 인간들도 포함된다. 인간은 자신과 '다른' 존재들을 사랑하거나 이해할 만큼 겸허하거나 성숙하거나 위대한 존재인가?

실제 인간아이와 똑같은 모습을 한 로봇에게 끌리게 된 모니카는 로봇에게 프로그램 된 명령어를 입력하고 데이비드는 엄마로 입력된 모니카를 진심으로 사랑한다. 그러나 친아들 마틴이 기적적으로 깨어나자 데이비드는 버려진다. 헨리는 자신이 말했던 것처럼 데이비드를 반품 폐기하려 하고, 모니카는 데이비드를 지켜주고자 하지만 상황은 나빠져만 갔고 결국 데이비드를 길 위에 버리는 것만이 그녀가 할 수 있는 전부였다.

자신이 진짜 인간이 되면 엄마로부터 사랑을 받을 수 있을 거라는 생각을 한 데이비드는 인간이 되는 꿈을 이루고자 험난한 여행을 떠난다. 데이비드는 엄마가 읽어주었던 동화책 속의 요정의 존재를 '믿고', 이룰 수 없는 '꿈'을 가지며, 두려워하고 아파하고, 자신을 죽이려는 인간들에게 목숨을 구걸하는 등의 모든 '인간적인' 모습을 보이는 반면 인간들이 보이는 행태는 지극히 '비인간적'이다. 영화 속에서 인간은 필요에 따라 사랑을 주었다가 필요가 없어지면 버린다. 마틴과 그의 친구들은 데이비드를 괴롭힌다. 집단 괴롭힘의 대상이 따돌림 받는 급우가 아닌 인공지능 로봇일 뿐 역시 익숙한 광경이다. 집단 괴롭힘 당하고 물에 빠져서도 인간이 아닌 인공지능 로봇이라는 이유로 소외되어 두려움을 느껴야 하는 데이비드의 고통이 고스란히 전해진다.

영화 속 이야기일 뿐 실제로 인공지능이 감정을 가질 수는 없다고 단정하는 사람도 있을 것이다. 그러나 영화가 상상한 인공지능이 이미 우리 곁에 가까이 와 있는 상황에서, 인간보다 많은 양을 인간보다 훨씬 빠르게 스스로 학습하는 인공지능이 감정을 가질 수 없으리라고 단정 짓는 것은 섣부른 판단이다. 이성도 감정도 학습에 의해 연마된다. 직관 역시 경험에 의해 축적된 것으로서 학습된다. 대국을 통해 끊임없이 보완되는 알파고처럼 경험을 통해 진화하는 인공지능이라면 영화에서 예견된 미래는 공상으로 끝나지 않을 수도 있다. 그것은 아무도 모른다.

인간중심주의

영화 〈A. I〉에서 고통과 두려움과 배신감 등의 감정을 느끼는 인공지능 로봇들을 폐기하며 환호하고 축제를 벌이는 인간들의 모습은 아레나

영화로 쓰는 러브레터

모니카가 명령어를 입력한 후 모니카를 엄마로 여기고
사랑하게 된 인공지능 로봇 데이비드

에 모여든 군중들의 모습과 유사하다. 다른 게 있다면 그들이 열광하며 즐기는 게임의 희생자가 맹수와 싸워야 하는 노예나 포로가 아니라 감정을 가진 인공지능 로봇이라는 것이다. 그들은 압살당하는 로봇을 보면서 웃고 즐거워하며 '인간의 존엄성'을 외친다. 타자의 고통에 환호하는 인간은 과연 존엄한가? 인간은 인간이라는 이유만으로 존엄하고, 인간이므로 수단이 아닌 목적으로 대우받아야 한다는 '인권' 개념은 근대의 정신이다. 이렇게 '인권'이나 '인간의 존엄성'이 부각된 이유는 오랫동안 일부 인간의 '인권'만이 존중되었고 일부 인간만이 존엄했기 때문이다. '존엄성'과 '인권' 개념을 모든 인류에게 적용시킨 것이 근대정신의 위대한 성취라고 할 수 있다.

그러나 과연 인간이라는 이유만으로 모든 인간이 존엄할까? 그리고 인간'만'이 존엄한 존재인 것일까? 사람이 꽃보다 아름다운가? 사람만이 희망인가? 인류가 살고 있는 지구는 거대한 우주의 아주 작은 일부분이

감정이 있고 고통을 느낄 수 있는 인공지능 로봇이, '인간의 존엄성'을
외치는 사람들이 던진 약물과 돌팔매에 의해 녹아내리고 파괴당한다

며, 인간은 지구 내에서도 생태계의 일부분일 뿐이지 결코 생태계의 지배
자가 아니다. 인간은 자연을 정복할 수 없으며 정복하려 해서도 안 된다.
각기 다른 동물의 종(種)들은 각기 다른 그들의 세계에서 그들끼리 소통
하며 그들의 질서대로 살아갈 뿐이다. 인간이 우월한 종인 것도 아니고,
설사 우월하다고 해도 그렇기 때문에 지배해야 하는 것이 아니라 돌보
고 보살펴야 한다. 약한 종에 대한 폭력과 차별은 같은 인간 내에서도 약
자에 대한 폭력과 차별로 이어지기 마련이다. 인류와 다른 생명체들과의
공존으로 구성되는 세계에 인공지능이 가세하게 되었다면 이제부터는
인간중심주의를 버리고 또 다른 공존의 가능성을 모색하는 상상력이 필
요하다.

　　진정 위험한 것은 인간만이 위대하다는 교만과 타자를 이해하지 못하
는 빈약한 상상력이다. 인간이 모든 것을 지배해야 한다는 오만은 결국
인간들끼리도 지배하고 정복하려는 폭력과 차별로 이어졌다. 하지만 인
간은 이기적이고 잔혹한 한편 타자에 시선을 돌릴 수 있고 연민을 가진

영화로 쓰는 러브레터

데이비드와 함께 웃었던 어른들은 친아들인 마틴이 깨어나자 데이비드를 버린다.
인간이 버리는 것은 인공지능뿐만이 아니다. 필요 없어지면 인간은 무엇이든 버린다.

존재이기에 희망도 존재한다. 과학기술도 인류가 이룩해온 문명이며 인
공지능 또한 열린 가능성이다. 이를 긍정적인 결과로 이끌기 위해서는 의
식의 전환이 필요하다. 지구가 우주의 중심이 아니듯이 인간이 존재의 중
심이 아니다. 시선과 손길을 주고받으며 공존할 뿐이다.

〈브루클린(Brooklyn)〉(감독 존 크로울리, 2015)

내가 어디 머무느냐가
내 삶을 결정한다

공간, 여행, 이민

공간은 우리가 살고 있는 세계 자체이다. 공간은 삶의 무대이고, 영역이고, 전쟁의 목적이자 격전지였다. 공간이 바뀌면 시간도 바뀐다. 공간이 달라지면 생활양식이 달라지고 사유방식도 달라진다. 시대의 변화는 공간의 변화를 가져온다. 공간은 계급의 기호가 되기도 하고, 심리적 표상이 되기도 한다. 로마 원형경기장, 아우슈비츠 수용소, 뉴욕 911 메모리얼처럼 특정한 공간은 특정 시대 특정 시기의 특정 사건을 즉물적으로 지시한다. 공간은 누군가의 흔적이다. 꿈을 펼칠 수 있는 공간이 있는 반면 억압과 구속의 공간이 있다. 특히 여성의 경우에는 그가 어떤 나라, 어떤 도시, 어떤 가정에 태어났느냐에 따라 그가 가지고 있는 가능성을 펼칠 기회가 주어지기도 하고, 그가 가진 가능성이 철저히 억압되기도 한다.

우리는 새로운 세상과 만나고 꿈을 펼칠 수 있는 공간을 찾아 길을 떠난다. 길 위에서 위험과 적의(敵意)와 만나기도 하지만 또한 길 위에서 세상의 호의와 만난다. 독서가 간접 경험이라면 여행은 직접 체험이자 몸으로 책 읽기라고 할 수 있다. 다른 세상, 다른 문화, 다른 역사, 다른 가치관, 다른 사람들과 만나는 여행은 설렘과 흥분과 고독과 근심 등의 감정들을 증폭시키며 낯선 곳에서는 온 몸의 감각이 더욱 예민하게 열린다.

뉴욕 코니 아일랜드에서 토니와 즐거운 시간을 보내는 에일리스.
외롭지만 자유롭고 낯설지만 꿈을 꿀 수 있는 공간에서 에일리스는
지난 관계를 극복하고 새로운 관계를 만들어가는 기회를 가지게 된다.

일상에서 사소했던 것조차 여행지에서는 특별하게 다가온다. 여행이 다시 돌아올 것을 전제로 하는 공간의 이동이라면, 이민은 새롭게 뿌리내릴 곳을 찾아 떠나는 것이기에 더 처연하고 더 비장하며 더 모험적이다. 어려웠던 시절 한국인들에게 '아메리칸 드림'이 있었다면, 지금 현재 동남아 빈곤 국가의 국민들은 '코리안 드림'을 가지고 한국에 온다. 꿈을 가지고 이주하는 것이다.

미국 뉴욕시에 있는 자치구인 브루클린은 이민자들의 애환과 노고 위에서 번창한 곳이다. 특히 1950년대 아일랜드의 심각한 경제난으로 인해 대서양을 건넌 아일랜드인들은 브루클린에 그들의 흔적을 남겼다. 영화 〈브루클린(Brooklyn)〉은 바로 이러한 시대적 배경을 담고 있으며, 무엇보다 이민자의 정서가 어떤 것인지 간결한 대사와 섬세한 색채로 형상화했다. 아일랜드 작가 콜럼 토빈의 소설 『브루클린』을 닉 혼비가 각색하여 각본을 썼다. 닉 혼비는 〈언 에듀케이션〉 〈와일드〉에 이어서 탁월한 각

아일랜드에서 에일리스는 엄마의 바람대로 명문가 출신 아일랜드 남자인 짐과의 가능성에 마음이 흔들린다. 아일랜드는 익숙하지만 속박이 심한 곳이고, 주어진 관계와 주어진 것들 이상을 꿈 꿀 수 없는 곳이다.

색능력을 발휘하여 감동적인 여성 성장서사를 완성했다. 주인공인 에일리스(시얼샤 로넌)는 '더 나은 삶'을 찾아 아일랜드에서 미국 뉴욕시 브루클린으로 향하는 배를 탔다.

당시 아일랜드는 물자와 일자리가 부족했을 뿐만 아니라 관습에 의한 속박이 심한 곳이었다. 일요일 아침이면 식료품을 사기 위해 잡화점 안에 사람들의 긴 줄이 늘어서 있고 돈을 내는 손님이 오히려 가게 주인의 괴팍한 성질을 참아줘야 한다. 에일리스는 잡화점에서 시간제로 일하며 미래에 대한 비전을 갖지 못한 상태이다. 언니 로즈는 에일리스에게 "이 곳은 미래가 없고, 네가 원하는 삶을 살 수 없다"고 말한다. 결국 에일리스는 언니의 지원을 받고 미국으로 오게 된다. 입국장에서 입국심사 후 문이 열리고 그 문을 통해 빛이 들어오는 장면은 무척 인상적이다. 새로운 세상이 그녀에게 열리는 것이며 문을 넘어섰을 때 만나게 되는 새로운 세상은 희망과 설렘을 담고 있지만 낯설고 두려운 곳이다. 자유롭지만 혼자

향수병을 견디고 새로운 공간에서 새로운 만남을 통해 단단해지는 에일리스

결정하고 행동하고 책임져야 하는 곳이다. 구속하고 억압하는 사람은 없지만 기댈 수 있는 사람도 없는 곳이다.

에일리스는 낮에는 백화점에서 일을 하고 밤에는 야간대학에 다니며 브루클린에 적응하려 애쓰지만 향수병에 힘들어한다. 언니 로즈의 편지를 가슴에 안고 우는 에일리스에게 떠나온 아일랜드는 답답하고 지루한 곳이었지만 가족이 있는 곳이고 익숙한 곳이었다. 거리를 걷고 횡단보도를 건너는 것조차 서툴고 불안정하게 떠다니는 것 같았던 에일리스는 이탈리아계 미국인 청년 토니(에모리 코헨)와 만나고 그와 사랑에 빠지면서 점차 자신감을 찾고 우수한 성적으로 경리 자격증을 따게 된다. 에일리스의 얼굴에 화색이 돌고 화사한 색조의 옷을 입게 되었을 무렵 언니 로즈의 부고가 전해진다. 아일랜드에 다녀오겠다는 에일리스에게 토니는 둘만의 비밀결혼을 제안하고 에일리스는 승낙한다.

공간의 병치와 관계의 병치

아일랜드로 돌아온 에일리스는 더 이상 예전의 에일리스가 아니다. 브루클린에서 체화한 세련됨이 스며들어 친구들과 이웃들에게 선망과 호기심의 대상이 되며 멋진 청년 짐 패럴(도닐 글리슨)과 로맨스를 만들 분위기가 형성된다. 에일리스의 어머니는 토니의 존재를 모른 채 부잣집 아들이자 신사적인 짐과 에일리스가 결혼하기를 바란다. 로즈가 죽었으니 자신은 혼자 남겨졌다는 어머니의 말에 에일리스의 마음이 흔들린다. 짐의 부모 역시 에일리스에게 호의적이다. 게다가 언니 로즈가 일했던 회사의 사장은 로즈의 일을 에일리스에게 맡기고 흡족해한다. 브루클린으로 떠나기 전 아일랜드에서는 에일리스의 미래가 암울했는데 브루클린에서 돌아온 후 아일랜드는 에일리스에게 여러 가능성을 보이는 듯했다. 에일리스를 향한 달라진 시선과 여러 상황들을 보면서 관객조차 에일리스가 굳이 또다시 고향을 떠날 필요가 있을까 라고 생각하게 된다. 에일리스가 갈등하게 되는 가장 큰 이유는 물론 둘 만의 결혼식을 치른 토니 때문이다. 에일리스가 짐과 산책하는 장면에서 토니의 편지가 화면 밖 목소리로 교차되면서 에일리스의 흔들리는 마음이 그 미세한 감정의 결까지 관객에게 전달된다. 일견 에일리스의 갈등은 토니와 짐과의 삼각관계에서 누구를 선택하는가의 문제로 보인다. 그러나 에일리스는 그가 뿌리를 내리고 머물 공간을 선택해야 하는 것이다. 어느 곳에서 진정 행복하고 자유롭게 자신의 꿈을 펼칠 수 있는지를 판단하고 결정해야 한다.

에일리스의 선택에 결정적인 영향을 준 사람은 예전에 일했던 잡화점의 고약한 주인이다. 그는 에일리스가 미국에서 결혼했음을 전해 들었다면서 짓궂게 에일리스의 반응을 기다린다. "이 곳이 어떤 곳인지를 잊고 있었다"는 에일리스의 답변은 그가 왜 브루클린으로 돌아가야 하는지를 함축적으로 설명한다. 아일랜드는 고향이지만 관계와 시선과 구설수와 관습 등으로 개인을 구속하는 공간이다. 반면 브루클린은 오롯이 자신의 힘으로 서서 자신의 길을 개척해야 하는 곳이다. 태생적으로 주어진 관계가 아닌 새로운 관계를 만들어가야 하는 역동적인 공간이다. 에일리스는 브루클린으로 향하는 배편을 예약하고 배 위에서 만난 아일랜드 소녀에게 당당하게 조언한다.

〈브루클린〉은 잘 만들어진 멜로드라마이기도 하지만 무엇보다 성장영화이다. 특히 여성 성장영화이다. 성장은 두 개의 공간을 경험함으로써 이루어진다. 태어나고 자란 고향이며 혈연으로 연결된 가족이 있는 아일랜드와 홀로서기를 익히며 세상을 살아갈 수 있는 기술을 습득하고 혈연처럼 그저 주어진 관계가 아닌 판단과 선택에 의한 새로운 가족 토니를 만난 브루클린이라는 두 개의 공간과 두 개의 관계가 병치되며 에일리스는 전통적인 의미에서의 고향과 가속을 떠난다. 이는 성상영화로서 〈브루클린〉이 가지고 있는 현대성이기도 하다. 영화의 엔딩에서 담벼락에 단단하게 기대고 서서 토니를 기다리고 있는 에일리스는 브루클린을 떠났을 때와 또 다른 에일리스이다. 아일랜드에서의 새로운 관계와 각성을 안고 브루클린으로 돌아왔을 때 브루클린은 이전과는 다른 공간이 된다. 토니와의 포옹으로 끝나는 영화는 멜로드라마의 완성이 아니라 에일리스의 선택과 결단이 이끄는 새로운 삶을 암시한다.

누군가는 꿈을 가지고 상경하고 누군가는 외국으로 유학을 떠난다. 누군가는 더 나은 삶을 찾아 이주한다. 우리 모두 두 팔을 벌릴 수 있고 뿌리를 내릴 수 있으며 빛과 만날 수 있는 공간을 찾는다. 또한 누군가의 마음에 자리하기를 바란다. 현재 내가 있는 곳이 나를 억압한다면 나의 꿈을 펼칠 수 있는 곳을 찾아 떠나는 것을 두려워하지 말아야 한다. 낯선 곳에서 내가 몰랐던 나를 만날 수 있다. 내가 머무는 곳이 나를 만든다. 우리의 마음속에도 역시 누군가 머무를 수 있는 빛과 토양과 여유로운 공간을 확보해야 한다.

〈언어의 정원〉 (감독 신카이 마코토, 2013)

성장 밑거름 되는
찰나의 소중함

영상의 혁명, 시(詩)와 회화(繪畫)가 만나는 영화

> 천둥소리가 저 멀리서 들려오고
> 구름이 끼고 비라도 내리지 않을까
> 그러면 널 붙잡을 수 있을 텐데
>   - 〈언어의 정원〉, 만엽집 中

'비 오는 날'은 사람들에게 각각 다른 느낌으로 다가온다. 비는 상념에 빠지게 하고 감상에 젖게 한다. 청량함과 해갈의 의미로 다가오기도 한다. 비를 짜증스러워하거나 우울하게 느끼는 사람도 있다. 특히 장마는 대부분의 사람들에게 지겹고 불편한 것으로 인식된다. 많은 비는 인간에게 재난이 되기도 하지만 비가 생명의 근원임은 부인할 수 없다. 비가 만들어 내는 풍경들과 비의 의미를 가장 탁월하게 형상화 한 영화는 〈언어의 정원〉이다. '영상의 혁명'이라는 칭송이 지나치지 않은 영화 〈언어의 정원〉은 러닝 타임이 50분 남짓한 중편 애니메이션이지만 시(詩)와 회화가 만나는 영화이며 사랑과 성장의 서사이다. 두 인물을 만나게 하는 매개체이면서 또 하나의 주인공이기도 한 비의 모습들은 사진과 회화의 중간 같은 느낌으로 관객을 압도한다. 사실인 듯 사실이 아닌, 하지만 사실보다 더 리얼하게 느껴지는 작화들은 비의 질감이 손으로 느껴지는 착각이 들게 할 만큼 뛰어난 영상미를 구현한다. 비를 이토록 아름답고 의미

도심 속 정원은 그들만의 만남의 공간이자 치유의 공간이며
성장할 수 있는 도약의 지지대가 되는 공간이다.

있게 그려낸 작품이 또 있을까 생각될 정도이다.

구두디자이너가 꿈인 고등학생 타카오는 비오는 날 오전이면 학교에 가지 않고 공원에 가서 구두를 디자.인한다. 그곳에서 맥주를 마시며 책을 읽는 여성, 유키노를 만난다. 유키노는 직장에서 악성 루머에 시달리고 있었고 출근하려고 지하철역에 섰다가도 결국 발길을 공원으로 돌린다. 비오는 날, 학교를 땡땡이 친 고등학생과 공원에서 맥주를 마시는 젊은 여성의 만남은 얼핏 보기에 기이하게 보일 수 있다. 하지만 "어차피 인간이란 모두 조금씩은 어딘가 이상한 생물"이라는 유키노의 대사는 '정상'과 '규정된 틀'을 강요하는 사회에서 조금씩 어긋나는 사람들의 가슴에 박힌 가시를 제거한다. 우리는 누구나 비정상이며 그렇기에 누구나 정상이다.

어디선가 만났던 것 같다는 타카오에게 유키노는 짧은 구절 하나를 암송하듯 던지고는 돌아선다. 손에 잡힐 듯 생생한 비의 영상과 어울려서 더 절묘한 느낌을 주는 시구이다. 언제부터인가 나아가는 법을 잊게 되었다는 유키노에게 나아가고 싶은 마음으로 가득 찰 수 있는 구두를 만들어 주기로 결심한 타카오는 아르바이트와 학업을 병행하며 미래를 준비한다. 그들의 만남과 언제나 함께 하는 비의 다양한 형상과 질감은 두 사람의 감정의 변화를 암시하며, 유키노의 비밀을 타카오가 알게 된 날 폭우와 함께 타카오의 감정도 분출한다. 자신의 감정에 솔직한 타카오와 달리 비겁한 어른이 될 수밖에 없었던 유키노는 타카오에 대한 감정을 부정한다. 하지만 동경하고 열망해도 닿을 수 없다는 것을 아는 게 어른이라는 것을 타카오가 깨닫는 순간 유키노는 자신을 구원한 것이 타카오임을 결국 인정한다.

사랑과 성장의 서사

> 천둥소리가 저 멀리서 들리지 않고
> 비가 내리지 않더라도
> 당신이 붙잡아 주신다면
> 나는 여기 머물 겁니다.
> — 〈언어의 정원〉, 만엽집 中

엔딩 크레디트 이후 비밀처럼 다시 등장하는 화면에서 타카오는 유키노의 편지를 읽으며 유키노를 위해 만든 구두를 벤치에 놓는다. 타카오와 유키노가 만났던 신주쿠 공원 정자 안 벤치이다. 같은 장소인데 계절이 바뀌었다. 비는 이제 눈으로 형상을 바꿔서 따뜻하고 그윽한 설경을 만들었다. 보는 내내 눈을 시리게 했던 진초록의 이미지가 눈부신 흰색의 이미지로 바뀌는 장면의 전환이 감탄을 자아내게 한다. 이미지 하나하나가 많은 의미를 내포한 언어가 되는 이 영화에서 비의 다른 형상인 눈의 이미지 역시 많은 의미를 내포한다. "나아가는 연습을 한 건 분명 나도 마찬가지였다고 지금은 생각한다. 언젠가 좀 더 멀리 나아갈 수 있게 된다

유키노에게 나아가고자 하는 마음으로 가득 차게 할 수 있는
구두를 만들어주려는 타카오

면 만나러 가자."는 엔딩 내레이션은 열린 결말을 구성하면서 성장의 의
미를 암시하고 있다. 타카오의 성장은 유키노와의 재회를 염두에 둔 것이
며 이는 그 앞에 놓여 있는 많은 장애물들을 극복하겠다는 의지이기도 하
다. 이 영화는, 더 이상 꿈도 열망도 가지지 않고 비난을 두려워하며 자신
의 감정을 속이거나 자신의 행위에 책임지지 못하는 미성숙한 어른들로
가득 찬 세상에서, 근엄하게 훈계하지만 통찰과 감수성이 부족한 위선적
인 어른들로 가득 찬 세상에서, 진정한 성장의 의미가 무엇인지를 보여준
다. 성장은 청소년기까지의 과제가 아니며 인간은 살아 있는 한 나아가야
하고 동경하고 열망해야 한다.

비가 만들어 내는 풍경들이 너무도 수려한 이 영화가 소중하게 포착하
는 것은 '순간'이다. 비가 형성하는 순간순간의 여러 풍경 묘사를 통해 두
사람의 내면의 떨림과 함께 찰나의 순간들이 파생하는 의미가 포착된다.
우리는 종종 영원한 것을 추구한다. 시공간을 초월한 불변의 진리를 추구
하며, 변치 않는 영원한 사랑을 동경한다. 그런데 영원한 것을 추구하려

비의 질감마저 느껴지는 빼어난 작화

다 정말 소중한 순간의 의미를 놓칠 수 있다. 순간의 강렬한 정서적 체험
은 소중한 깨달음을 주고 앞으로 살아갈 힘을 얻게 한다. 비는 멈추지만
대지에 스며들어 식물을 생장하게 한다. 소나기가 지나간 후에도 소나기
와 같은 사랑의 경험은 인간의 내면에 스며들어 그를 단련시키고 성장하
게 한다. 만남의 순간순간 변화하는 감정의 파장과 소통의 밀도와 함축된
의미는 그들의 내면에 스며들어 삶을 변화시킨다. 비는 언젠가 그치고 눈
도 그친다. 하지만 비는 다시 내리고 계절이 바뀌면 눈도 다시 내린다. 이
영화가 '사랑 그 이상의 사랑 이야기'일 수 있는 것은 계절의 순환, 즉 시
간 속의 성장과 나아감의 의미를 내포하고 있기 때문이다.

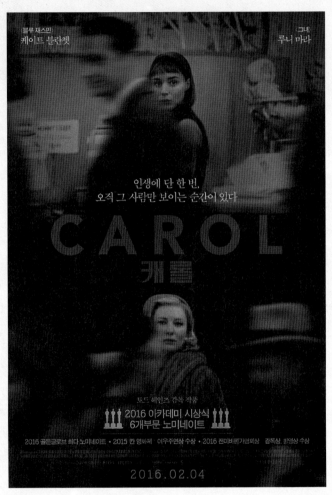

〈캐롤〉(감독 토드 헤인즈, 2015)

매혹적인 시선의 교감이
자기답게 사는 결단으로 향하다

흔한 듯 흔하지 않은, 사랑이라는 불가사의

수많은 소설과 영화에서 다루는 주제는 '사랑'으로 집결된다. 위대한 이야기는 대부분 러브스토리이다. 사람이 사람을 사랑한다는 것이 어떤 것인지를 당대 사회문화의 풍경과 함께 보여주는 장르가 바로 멜로드라마이다. 누군가를 사랑하게 되면 세상은 이전까지와는 다른 느낌과 색채로 다가온다. 사랑하는 대상과 함께 하는 일들은 사소한 것이라도 특별한 체험이 되고 상대의 말과 행동, 옷차림까지도 범상한 것이 아니게 된다. 사랑은 사람을 무모할 정도로 용감하고 강하게 만든다. 사랑은 때로 이성(理性)을 마비시키고 제정신을 잃게 하는 것처럼 보이기도 하지만 결국 인간을 구원하는 건 지식이나 논리가 아닌 사랑이다. 사랑은 흔해 보이지만 흔하지 않다. 우리가 멜로드라마에 빠지게 되는 이유는 주인공 인물들에 동화되어서 흔한 듯 흔하지 않은 사랑을 체험하고 싶기 때문이다. 때문에 멜로드라마는 사랑에 빠진 인물들의 감정의 파장을 형상화 할 뿐만 아니라 사랑이 인간을 어떻게 변화시키고 성장하게 하는가를 보여줘야 한다. 특히 시대와 사회가 요구하는 것과 다른 방향으로 향할 때 더 강렬해지는 감정의 역동성을 독창적으로 묘사하는 것이 멜로드라마의 본령(本領)이며 영화 〈캐롤〉은 1950년대 뉴욕의 겨울, 몽환적인 회색빛 시대를 배경으로 사랑에 빠진 인물들의 시선과 몸짓을 강렬하게 그려낸 탁월한 멜로드라마이다.

대조적인 캐릭터가 만드는 긴장과 몰입의 순간들

이 영화의 두 주인공, 캐롤(케이트 블란쳇)과 테레즈(루니 마라)는 모든 면에서 대조적인 캐릭터이다. 부유함과 자신감으로 무장한 캐롤은 눈에 띄는 화려한 외모의 소유자이며 상대를 유혹하는 눈빛을 가졌다. 캐롤의 캐릭터를 표상하는 의상은 모피코트와 주홍빛 스카프이다. 백화점 점원인 테레즈는 사진작가가 되고 싶어하지만 자신의 꿈에 대한 확신도 없고 제대로 된 사진기조차 없다. 테레즈는 움츠러든 것처럼 소심하게 보이지만 캐롤의 시선을 피하지 않는 단단한 캐릭터이다. 평범해 보이는 단정한 옷차림과 크리스마스 시즌 백화점 점원들이 착용하는 산타 모자가 테레즈의 성격과 신분을 보여준다. 영화 중반부까지 캐롤의 캐릭터가 압도적일 수 있었던 것은 캐롤의 화려한 아름다움 때문이기도 하지만 테레즈의 시선이 카메라의 시선이 되어서 테레즈의 시점 쇼트로 캐롤이 재현되기 때문이다. 사진작가 지망생이면서도 인물을 찍지 않았던 테레즈는 무심하게 머리를 넘기는 캐롤의 모습을 보고 카메라 셔터를 누른다. 캐롤을 찍은 사진이 테레즈의 다른 사진들과 다를 수 있었던 것은 피사체에 대한 애정 때문이고 그 애정이 테레즈의 재능을 한층 더 끄집어내는 계기가 된다. 테레즈의 이름을 묻고 그 이름을 음미하듯이 리드미컬하게 발음해보는 캐롤에게 테레즈 역시 캐롤의 이름을 소리내어 불러준다. 테레즈는 캐롤에 의해 발견되고 사랑스러운 사람으로 자리매김 되며 캐롤은 테레즈에게 뮤즈가 되고 동경의 대상이 된다. 사랑하는 사람들이 처음 상대를

백화점에서 손님과 점원으로서 처음 만난 캐롤과 테레즈.
옷차림에서 계급의 코드가 느껴지지만
두 사람의 시선의 교환은 계급과 나이와 금기를 무화시킨다

발견하고 각인하는 순간의 긴장과 몰입을 숨 막힐 정도로 잘 드러낸 두 사람의 시선의 교류는 너무나도 인상적이다. 마치 그 순간 시간이 정지한 듯이 느껴진다.

캐롤과 테레즈는 사회적 계층이 다르고 나이 차이도 많다. 귀부인과 비서처럼 보일 수도 있는 계급의 간극이 가시화되지만 두 인물 간의 권력 관계는 수직적이지 않다. 만남을 주도하는 캐롤과 따라가는 듯한 테레즈의 권력관계가 평등할 수 있었던 것은 테레즈에게도 다른 선택지가 있기 때문이며 그럼에도 불구하고 테레즈와 캐롤 둘 다 서로를 원하기 때문이다. 또한 캐롤이 처한 위치는 복잡하다. 캐롤은 결혼했으며 아이까지 있지만 이혼을 원하는 상태이고 자신의 성적 지향이 마이너리티에 속한다는 것을 알고 있다. 캐롤을 붙잡아두려는 남편은 딸에 대한 캐롤의 사랑을 인질처럼 이용한다. 캐롤의 동성애 지향은 1950년대 뉴욕에서 정신병

취급을 받는 치명적인 약점이 된다. 결혼생활에서 도망치고 싶은 캐롤에게 테레즈와의 여행은 꿈꿀 수 있는 도피의 여정이지만 도피는 오래 지속될 수 없다.

레즈비언이즘을 부정하는 시각이 간과한 것

이 영화에 대해 언급한 많은 평론가들은 동성애 코드에 크게 의미를 부여하지 않았다. '동성 간 사랑' 보다는 '사랑' 자체에 더 주목했다. 신분, 인종, 나이, 종교 등이 사랑의 장애물이 되듯이 동성애에 대한 편견 역시 일종의 장애물일 뿐 '동성애' 자체가 이 영화의 핵심 논점은 아니라는 것이다. 분명 영화 〈캐롤〉은 때로 처연하지만 눈부신 사랑 이야기이다. 하지만 함께 있는 '두 여성'이 자아내는 묘한 분위기가 이 영화의 독특한 빛과 색을 만드는 데 중요한 역할을 한다. 만약 캐롤이 애정 없는 결혼생활을 끝내고 싶어 하는 상위계층 '남성'이라면 영화 전반의 분위기는 많이 달라졌을 것이다. 즉 부유한 중년 남성과 가난한 젊은 여성의 신분과 나이를 초월한 사랑 이야기라면 〈캐롤〉과는 전혀 다른 정치적 의미를 가지게 된다. 〈캐롤〉은 한 화면에 두 사람이 등장하는 것 자체가 금단의 열매를 먹는 것처럼 긴장감을 준다. 여성과 여성의 눈빛이 교차되면서 발현되는 에로티시즘의 긴장감은 이성애중심, 가부장 중심 결혼제도가 지배적인 사회에서 필연적으로 정치적인 의미를 지닐 수밖에 없다. 〈캐롤〉이 정치성을 전면에 내세우지 않은 영화라고 해도 그러하다. 멜로드라마는 역사적으로 발언권을 빼앗긴 사람들의 메아리라고 말한 데이비드 그림스테드의 언술이 멜로드라마의 정치성을 지적한 것이라면 〈캐롤〉은 그런 의미에서도 멜로드라마의 정수(精髓)를 구현하고 있다.

여러 힘든 상황들 속에서 서로에게 끌리는
감정마저 두려운 캐롤과 테레즈

레즈비언 관계에서는 사랑조차 저항이나 혁명의 수단이 되는 경우가 있다. 레즈비언 페미니즘은 레즈비언이즘을 개인의 성적 지향보다는 가부장주의와 이성애주의라는 제도에 대항하는 정치적 전략으로 본다. 물론 캐롤과 테레즈의 사랑은 의도한 것도 계획한 것도 아닌 거부할 수 없는 치명적인 끌림에서 시작되었다. 레즈비언이즘의 정치적 전략과는 상관없다.

하지만 결과적으로 두 사람의 사랑은 이성애중심 가부장적 결혼이라는 견고한 제도에 온몸으로 부딪치고 그 견고함에 균열을 낸다. 남편의 도청으로 인해 양육권을 박탈당할 위기에 처한 캐롤은 테레즈를 잠시 떠났지만 결국 자신의 정체성을 부정하지 않는 선택을 한다. 자신을 부정하며 사는 엄마가 딸에게 좋은 영향을 줄 수 없을 거라고 말하는 캐롤은 기존의 모성 이데올로기와는 다른 모성을 보여준다. 여기서 확실하게 〈캐롤〉은 사랑이 무엇인지 보여주는 영화가 된다. 진정한 사랑은 자신을 속이지 않고 솔직하게 인정할 수 있는 용기를 가능하게 하며 자신의 내면에 있는 힘을 발견하게 한다. 상대를 있는 그대로 인정하기에 타자를 식민

사진작가를 꿈꾸면서도 한 번도 '사람'은 찍지 않았던 테레즈는,
무심하게 머리카락을 넘기는
캐롤을 본 순간 자신도 모르게 카메라 셔터를 누른다

지화 하지 않고도 사랑할 수 있다. 그 누구에게도 상처를 주지 않고 사랑
하는 게 불가능하다고 해도 그나마 '덜' 상처 주는 태도를 체득하게 된다.

단호하지만 고혹적인 멜로드라마

금기시 되는 관계에 도전하는 것은 때로 혁명보다 더 급진적인 꿈이
될 수 있다. 사랑과 섹슈얼리티는 인간 개인의 실존과 관계양상의 근원
을 형성할 뿐만 아니라 사회와 시대를 뒤흔드는 동인(動因)이 된다. 영화
〈캐롤〉은 사랑과 섹슈얼리티의 전복적인 힘을 드러내어 설파(說破)하는
것이 아니라 인물 간 감정교류의 미묘한 떨림이 만들어내는 기류(氣流)를
섬세하게 묘사함으로써 우회적으로 보여준다. 타협하지 않고 단호한 결
단을 내린 사람의 시선을 그토록 고혹적으로 연출한 엔딩 신은 관객의 가

캐롤과 테레즈는 함께 하는 시간이 행복하며
그 시간동안 온전한 자신으로 있을 수 있다.

슴에 강렬하게 각인된다. 이 매혹적인 영화는 우리로 하여금 삭막하고 힘
겨운 세상에서 사랑을 꿈꾸게 하고 '다른' 삶의 가능성을 배제하지 않을
수 있게 한다.

〈덩케르크〉 (감독 크리스토퍼 놀란, 2017)

시간의 3중주로 구축한 역사적 사건의 의미

프롤로그

지난 며칠 동안 죽음의 문턱을 넘나들며 찾아온 것이 바로 이 해변이다. 그러나 지금 그와 상병들이 바라보고 있는 해변은 이제까지 보아온 상황과 별반 다르지 않았다. 이곳은 혼란의 최종 목적지이기도 했다. 직접 눈으로 확인하니 모든 것이 분명해졌다. 퇴각 행렬이 더 이상 나아갈 수 없어 그냥 이렇게 된 것이다. 환상에서 깨어나 현실을 받아들이기까지는 얼마 걸리지 않았다. 수천 명, 아니 수만 명, 어쩌면 그보다 더 많은 군인들이 넓디넓은 해변에 퍼져 있었다. 멀리서 보니 그들은 검은 모래알 같았다. 그러나 밀려오는 파도를 따라 해안 근처에 뒤집힌 흔들리는 포경선 한 척을 제외하고 배는 한 척도 없었다. 긴 방파제 옆에도 배는 없었다. 그는 눈을 깜박였다가 다시 바라보았다. 그것은 인간으로 만들어진 방파제였다. 군인들의 긴 줄, 예닐곱 줄로 이루어진 긴 행렬. 무릎을 구부리거나 허리를 펴고 망연자실하여 서 있는 군인들의 긴 행렬이 얕은 물 속까지 거의 5백 야드나 이어져 있었다.

　　　　　　　　　- 이언 매큐언(Ian McEwan), 『속죄』(Atonement) 중에서

'다이나모 작전(Operation Dynamo)'으로 불리는 덩케르크 철수 작전은 치열한 전투도, 짜릿한 승리도, 비장한 패배도 아닌 단지 철수 작전이었다. 단지 퇴각에 불과한 덩케르크 작전이 비중 있게 기록되고 인상적으로 기억되며 문화텍스트를 통해 계속 다시 소환되고 있다. 영국인 작가 이언 매큐언(Ian McEwan)이 그의 대표작 『속죄』(Atonement)에서 남

전쟁은 스펙터클이 아니며 전쟁터의 군인은 영웅이 아니다.
그들은 때로 왜 싸우는지도 모르는 채 자신이 살기 위해 싸운다.
살아서 돌아가는 것이 그들에게는 우선적인 목표이다.

자주인공인 로비를 죽게 한 전쟁터도 덩케르크 해변이었다. 〈인터스텔라 (Interstellar)〉에서 SF적 상상력을 유감없이 보여준 영국인 영화감독 크리스토퍼 놀란(Christopher Nolan)이 〈인터스텔라〉 다음 영화로 선택한 소재가 SF와는 가장 먼 거리에 있다고 생각되는 실화이며 그 중에서도 덩케르크 철수 작전이다. 1940년 5월 26일부터 6월 4일까지 프랑스 북부 덩케르크 해변에서, 도버해협과 독일군 사이에 고립되어 발이 묶인 33만 여명의 연합군이 영국으로 귀환한 역사적 사실은 어떤 의미를 가지고 있는가? 그 의미를 크리스토퍼 놀란 감독은 어떻게 해석하고 있으며 그것을 어떤 방식으로 스크린에 펼치는가? 이 글은 이러한 질문에서 시작된다.

배에 오르는 순간만을 기다리며 끝없이 길게 늘어선 행렬들
속에서 토미와 깁슨은 먼저 배에 타기 위해
부상병을 실은 들것을 들고 이동한다

전쟁영화에 대한 관습적 기대에 반(反)하다

전쟁은 인간이 겪을 수 있는 모든 것 중 가장 극한의 체험이다. 전장
(戰場)에서 목숨 걸고 전투에 임해야 하는 군인들은 물론이고 후방에서
기다리고 견뎌야 하는 민간인들에게도 전쟁은 인간존재의 심연까지 들
여다보게 하는 참혹한 상황이다. 그 속에서 군인들도 민간인들도 왜 싸우
는지도 모른 채 살아남기 위해 편을 가르고 죽이고 죽는다. 한편 역설적
으로 극한 상황에서 휴머니즘은 더욱 빛을 발한다. 때문에 인간과 세계의
단면을, 많은 정보를 농축한 채 축약해서 보여줘야 하는 영화에서 전쟁은
중요한 소재가 되어왔다. 특히 인류사에서 가장 치열하고 거대한 전쟁이
었던 2차 세계대전은 영화의 단골 소재이다. 전쟁영화는 몇 가지 장르적

군인들의 퇴각을 돕기 위해 덩케르크로 향하는 민간인 보트는
역시 군인들의 퇴각을 지원하기 위해 출동한 전투기와 바다에서 마주한다.
세 개의 공간과 세 개의 시간이 만나는 영화적 체험이
절묘한 교차편집을 통해 이루어진다

인 관습을 가지고 있다. 승자의 기록일 경우가 많으며, 치열한 전투 장면의 스펙터클에 집중하거나, 암호해독이나 최신무기 같은 기술적 성취에 주목한다. 그리고 대체로 영웅서사를 구축한다. 또한 휴머니즘의 드라마로 이어지며 반전 메시지를 전달하는 경우가 많다. 관객 역시 전쟁영화를 관람할 때 관습적인 기대지평을 가지고 실제와 비슷하지만 실제는 아닌 전쟁 상황에 몰입한다.

〈덩케르크〉는 이러한 전쟁영화의 장르적 관습을 위반하고, 다른 관점에서 전쟁에 접근한다. 결과적으로 관객들로 하여금 다른 방식으로 전쟁영화를 소비하게 한다. 우선 〈덩케르크〉에서는 용감하고 영웅적이기보다는 겁에 질리고 비겁한 인간군상이 묘사된다. 영화가 시작되면서 "그들은 덩케르크 해변에 고립됐고, 구조되어 조국으로 돌아가는 기적만을

군인들을 구조하기 위해 필사적인 민간인들과 민간인 소유의 요트

바라고 있다”는 자막이 제시된다. 여기서 “그들”은 용맹스럽고 희생적이며 애국심으로 무장된 군인이 아니라 “기적”적으로 “구조되어”야 하는 무기력한 존재들이다. 덩케르크에서 그들이 할 수 있는 일은 줄어들 기미가 보이지 않는 긴 줄에 서는 것뿐이다. 앳된 얼굴의 군인 토미는 배에 타기 위해 부상자를 이용한다. 부상자를 들것에 싣고 달려서 가까스로 배에 탔지만 해군대령은 부상자만을 받아줄 뿐 들것을 운반한 토미와 깁슨에게는 내려서 줄을 서라고 말한다. 우여곡절 끝에 토미와 깁슨은 다른 배에 타게 되지만 정원초과로 인해 프랑스인 깁슨이 쫓겨날 위기에 처한다. 여기서 어떻게든 자신이 먼저 살려고 분투하는 인간들의 민낯이 여과 없이 드러난다. 하지만 겁에 질리고 나약하며 살기 위해 공격적이 되고 편 가르기를 하는 군인들의 모습을 바라보는 감독의 시선은 비난을 담고 있지 않다. 오히려 이해와 공감의 에토스를 전달한다. 전쟁의 장엄함과 영웅의 활약에 압도되기를 기대했을 관객 역시 전쟁의 지리멸렬함과 군인들의 평범한 비겁함에 공감하지 않을 수 없다. 한편 영국군인의 시신을 묻어주고, 목이 말라하는 토미에게 생명수와 같은 수통을 건네주며 영국 배

에 오르기 위해 영국 군복으로 갈아입은 깁슨이, 배가 침몰했을 때 영국 군인들을 구하기 위해 배로 돌아가 잠긴 문을 열어주었던 것처럼, 잠시의 시간을 함께 했을 뿐이지만 깁슨의 편이 되어 영국 군인들에게 항변하는 토미처럼, 전쟁터의 군인들은 겁에 질려 비겁하지만 한편으로는 상식적인 연민을 가지고 있는 인간인 것이다.

〈덩케르크〉는 지극히 평범해서 이해할 수 있는 생존본능, 비겁함과 이기심, 연민 등을 리얼리즘을 내장한 카메라를 통해 현실적으로 보여주는 것에 머무르지 않는다. 덩케르크 철수 작전이 성공할 수 있었던 것은 민간인들의 참여 덕분이었다. 퇴각 군인들을 태울 수 있는 구축함은 한 척씩만 올 수 있고, 게다가 해변 가까이에는 큰 배를 정박할 수도 없는 상황에서 군인들의 긴 행렬은 끝이 보이지 않았다. 때문에 당시 영국인들은 개인 소유의 요트와 어선 등을 이끌고 위험을 무릅쓰고 덩케르크로 향했다. 900여척이었다고 전해진다. 하나의 선의(善意)위에 또 하나의 선의가 더해져서 집단의 선의가 되었고 그것이 기적을 만든 것이다. 고향으로 돌아갈 수 있는 가능성이 희박한 상황에서, 그렇다고 귀향에 대한 희망을 버리지도 못해서 지쳐가는 군인들을 보면서 함께 지친 관객들 앞에 민간인 소유의 배들이 바다를 뒤덮으며 등장하는 장면은 내내 건조했던 영화 〈덩케르크〉에서 처음으로 영화적인 감동을 폭발시킨 순간이다. 실화를 소재로 했기에 더 감동적이다.

〈덩케르크〉에서 전투기의 연료가 부족하다는 것을 알면서도 돌아가지 않고 퇴각을 지원 사격했던 전투기 조종사가 멋진 영웅으로 묘사되기는 했지만, 영웅은 조종사 한 명이 아니다. 개인 소유의 배를 몰고 도버해협을 건넌 사람들 하나하나가 영웅이다. 〈덩케르크〉는 기적을 만드는 힘이 한 사람의 영웅에게 있는 것이 아니라 집단의 선의에 있음을 보여준다.

영국으로 돌아온 군인들은 승리를 거두고 돌아온 것이 아님을 부끄러워한다. 자신들은 단지 살아서 돌아왔을 뿐이라고 말하지만, 그런 그들을 위로한 말은 '그것으로 충분하다'는 것이다. 이것이 '덩케르크 정신'이 가진 현대성이자 반(反) 파시즘이라고 나는 본다. '임전무퇴'나 '배수의 진'은 승리가 아니면 죽음이라는 극단적인 승리지상주의에 기반을 둔다. 또한 병사들을 기능으로 환원하며 개인을 집단에 매몰시키는 봉건성과 전체주의를 내포한다. 하지만 군인 한 명 한 명은 자살테러의 수단이나 총알받이가 아닌 인간 개인이다. 후퇴와 철수가 부끄러운 것이 아니고 '생존' 자체가 다른 모든 가치에 우선할 수 있다. 이를 주목했기에 〈덩케르크〉는 다른 전쟁영화들과 차별화된다.

영화의 본질을 체현(體現)하는 영화

우리가 현실에서 인식하는 시간은 비가역적이다. 소설에서 구성되는 시간은, 회상과 예시(豫示)를 오가더라도, 선형적으로 서술된다. 오직 영화에서 시간은 비가역적이지 않으며 상대적으로 구성된다. 같은 시간 다른 공간에서 벌어지는 일을 동시에 재현하는 것도 영화매체에서만 가능하다. 크리스토퍼 놀란 감독은 매체 자체가 타임머신과 같은 영화의 특성을 언제나 영리하게 활용하고 탁월하게 드러냈다. 대표작 〈인셉션〉에서 시간의 주관적 상대성을 환상적으로 펼친 영화적 상상력은 〈인터스텔라〉에서 시간의 물리적 상대성까지 영상화 했다. 실화를 바탕으로 한 〈덩케르크〉에서도 세 개의 서로 다른 시간이 절묘하게 교차 편집되어 하나의 지점을 향해 간다. 덩케르크 해변에서 구조를 기다리는 일주일과, 구조를 위해 덩케르크로 향하는 개인 요트에서의 하루, 독일공군의 폭격을 막는 영국 전투기 조종사의 한 시간은 영화기술에 의해서 하나의 결말로 수렴된다. 해변과 요트와 전투기 안에서 다르게 설정된 시간의 길이는 각 상황의 심리적 시간에 대한 메타포이기도 하다. 이러한 시간 구성은 치열한 전투장면이 없어도 관객들을 집중하게 한다. 서로 다른 공간과 서로 다른 시간의 길이를 연결된 시퀀스로 인식해야 하는 관객은 어느 순간 혼란에 빠진다. 기승전결과 같은 시간의 논리적인 구성에 익숙한 관객이라면 특히 혼란에 빠지게 되지만, 물리적 심리적 길이가 다른 시간들이 한 시점에서 수렴되는 과정에 곧 몰입된다. 이것이 〈덩케르크〉가 가장 영화적인 영화가 될 수 있었던 첫 번째 이유이다.

〈덩케르크〉가 영화의 본질이 무엇인지를 증명할 수 있었던 또 다른 이유들은 아이맥스 카메라와 대사의 절제에 있다. 실제 덩케르크 해변에서 실제 철수가 있었던 계절에 아이맥스 카메라로 촬영한 해변과 바다와 하늘과, 크지 않아도 또렷하게 들리는 사운드는 우리가 영화를 퍼스널 컴퓨터나 스마트폰 화면이 아닌 극장에서 관람해야 한다는 것을 여실히 보여준다. 심지어 전투기의 비행과 전투 장면까지도 컴퓨터 그래픽이 아닌 아이맥스 카메라에 의해 촬영되었다. 크리스토퍼 놀란 감독은 인터뷰에서 "조종사 파리어가 모는 스핏파이어 전투기는 개인이 소장한 기체인데, 굉장히 조심스럽게 관리하면서 촬영했다. 소형 아이맥스 카메라를 전투기에 설치하고서 배우와 실제조종사가 함께 비행하면서 공중전 장면을 찍었는데, 정말 꿈만 같았다"고 밝힌다. 그리고 그 꿈같은 경험을 영화관의 관객 역시 체험한다. 이러한 체험은 아이맥스 상영관에서 화려하고 웅장한 볼거리를 즐길 때와는 다른 태도를 요구한다. 〈덩케르크〉는 화려하고 웅장한 전쟁영화가 아니다. 생생한 현장감 속에서 관객이 온 몸의 감각으로 느끼는 것은 실제 현장과 유사한 체험을 통해 즉물적으로 체화하는 심리적인 공감이다.

이러한 감각적 체험과 심리적 공감은, 대사를 최소화함으로써 언어로 한정할 수 없는 잉여의 의미가 전달되면서 더 확장된다. 그 당시 전쟁 속에서 필사적으로 생존하고자 했고 생존을 도우려 위험을 무릅썼던 각각의 사람들의 이야기가 현재 나의 삶에 개별적인 의미로 이어지게 되는 것이다. 활자로 기록된 것을 머리로 이해하고 기억하는 것이 아니라, 온 몸의 감각으로 체험하고 각인하게 된다. 이것이 바로 영화적인 체험이다. 영화 〈덩케르크〉의 생생하고 광대한 시계(視界)는 눈에 보이는 것을 손에 잡힐 듯이 느끼게 한다. 관객으로 하여금 관람을 넘어서 체험하게 할 때 시청각매체인 영화는 온 몸의 감각이 열리게 하여 촉각적 체험의 환상까지 가능하게 한다. 이러한 감각적 체험은 인지적 수용으로 이어진다. 크리스토퍼 놀란 감독은 〈덩케르크〉를 통해 실화의 시간까지 재구성하는 편집의 미학을 과시하고, 아이맥스 영화를 통해서만 느낄 수 있는 것을 구축하면서 영화란 어떤 것인지 그리고 어떤 것이어야 하는지를 보여준다. 그가 보여준 것은 바로 영화의 본질이다.

〈2016 부산국제영화제 포스터〉

부산국제영화제 사태에 투영된 대한민국의 사회문화 : 추락 직전에 힘찬 비상(飛上)을 기대하며

- 계간 『예술문화비평』 제20호 2016년
특집 부산국제영화제

프롤로그

　나는 부산 출신이 아니다. 부산에 지인이 살지도 않는다. 그런 내가 해마다 부산에 가는 건 순전히 부산국제영화제 때문이다. 여름 내내 늘 주말 뉴스에 등장하는, 인파로 넘쳐나는 여름의 해운대에 가본 적이 없는 나에게 해운대는 가을바다이며 영화의 바다이다. 아시아에서 가장 인지도 있는 영화제이며 세계적인 영화제로 발돋움 한 부산국제영화제의 강점은 무엇보다 각 섹션 별로 광범위하고 다양한 영화프로그램들에 있다. 프로페셔널 영화평론가인 나조차도 하루에 네 편의 영화를 보는 건 부산국제영화제에서만이다. 그럼에도 불구하고 더 많은 영화를 볼 수 없음을 안타까워한다. 특히 내가 놓치지 않으려 애쓰는 건 '아시아의 창' 섹션이다. 할리우드 영화들이나 유럽 영화들은 다른 창구들을 통해서도 볼 수 있지만 '아시아의 창' 섹션에서 소개하는 영화들은 부산국제영화제에서만 볼 수 있기 때문이다. 다채로운 문화와 삶의 무늬들이 아로새겨진 이들 영화들을 통해 유럽이나 아메리카 대륙보다 지리적으로 가깝지만 낯설고 생경한 아시아 국가들의 다른 문화 속에서 살아 숨 쉬는 사람들의 감정의 결을 간접 체험한다. 현재 부산국제영화제의 파행 상황이 너무도 슬프다는 언술로 참담함을 표현한 모스토파 사르와르 파루키 감독은 북미권과 유럽권으로 양분되어 있는 세계영화계에서 아시아의 영화인들에게 희망을 선사해왔으며 아시아의 정체성과 예술적 아름다움을 대변해온 부산국제영화제를 잃는 건 너무 크고 아쉬운 손실이라고 말한다. 방글라데시인인 그는 부산국제영화제 아시아영화펀드의 지원을 받은 바 있다.

부산국제영화제는 아시아를 대표하는 영화제이기 이전에 대한민국을 대표하는 영화제이며 한국영화의 비약적 성장과도 맥락을 같이 한다. 영화가 문화산업으로서 부가가치를 창출하는 데 부산국제영화제는 분명 중요한 창구 역할을 했다. 그런데 양적인 팽창보다 더 주목해야 할 것은 다양성이며 다양성이 토대가 된 질적 성장이다. 거대 배급사의 이해관계에 따라 몇 몇의 영화가 스크린을 점령하는 상황에서 부산국제영화제는 독립영화를 위시한 다양한 영화들을 관객과 만나게 했다. 일반 상영관에서 볼 수 없는 영화들을 만나고 그 중에서 보석 같은 영화들을 발견하는 기쁨은 영화제에서만 가능한 일이기에 영화제 기간에는 다른 지역 사람들도 부산으로 향한다. 또한 대한민국의 도시 중 수도 서울이 아닌 부산을 아는 외국인이 있다면 이 역시 부산국제영화제의 공이라고 해도 과언이 아니다. 영화평론가 토니 레인즈는 "이름도 낯선 '부산'이라는 도시는 20년 전만해도 전 세계에 아는 사람이 많지 않았지만 이제는 수백만 명이 '부산국제영화제'를 통해 '부산'이란 도시를 알고 있다. 이를 경제적 가치로 환산하면 중앙정부와 부산시가 영화제에 지원한 액수보다 비교할 수 없이 큰 가치를 부산시에 돌려주었다고 할 수 있다"고 진술하며 그렇기 때문에 작금의 사태를 도저히 믿을 수 없다고 말한다. 토니 레인즈가 도저히 믿을 수 없다고 말한 '작금의 사태'가 바로 이 글을 쓰게 된 계기이다. '작금의 사태'는 현재 대한민국의 사회문화를 진단할 수 있는 지표이

영화 〈다이빙벨〉 포스터

기도 하다. 또한 '작금의 사태'를 통해 영화란 무엇이고 영화제란 무엇인

지 질문하게 된다.

'정치적'이라는 말의 함의

서병수 부산시장은 "정치적 중립을 훼손할 수 있는 작품을 상영하는

것은 바람직하지 않다"고 말하며 2014년 부산국제영화제 와이드앵글 다

큐멘터리 쇼케이스 부문에 초청된 다큐멘터리 영화 〈다이빙벨〉(감독 이

서병수 부산시장을 비롯한 정치 관료들이 영화제에 가하는 압박에 맞서
부산국제영화제 보이콧을 선언하는 영화인들

상호 안해룡)의 상영을 취소할 것을 요구했다. 이는 영화에 대해서, 예술
에 대해서 무지한 발언이다. 영화는, 누군가에게는 '오락'이 될 수도 있고
누군가에게는 흔한 '데이트 코스'일 수도 있고 누군가에게는 '시간 죽이
기'의 방법이 될 수 있고 누군가에게는 '사업'일 수 있다 해도, 분명 예술
이다. "예술은 그것이 예술인 한 정치적인 것이다"라는 아도르노의 언술
처럼, "예술은 시장의 법이 지배하는 세계에 재앙으로 존재할 때에만 예
술인 것"이라는 리오타르의 말처럼 영화가 '정치적 중립'의 입장에 선다
는 것은 불가능하고 바람직하지도 않다. 영화는 좌파와 우파의 스펙트럼
안 어딘가에 위치하기 마련이다. 또한 자크 오몽의 주장대로 영화는 '사
회적 증인'으로서의 소명도 가지고 있다. 영화가 탄생한 여명기에 〈국가
의 탄생〉(1914. 감독 D. W. 그리피스)처럼 극우적인 영화도 있었고, 〈의
지의 승리〉(1935. 감독 레니 리펜슈탈) 같은 나치 선전 영화도 있었지만,
영화는 기본적으로 휴머니즘적이고 이상주의적이며 진보적인 좌파 매체

라고 나는 생각한다. 현재 존재하는 세계에 만족하지 않고 늘 새로운 세계를 꿈꾸게 하고 새로운 세계의 가능성을 펼치는 것이 영화이기 때문이다. 또한 영화는 일탈과 전복을 통해 인간에 대한 억압에 저항하는 매체이기도 하다. 때문에 영화에 '정치적 중립'을 요구하는 것은 영화에 대해서도, '정치적'이라는 단어의 함의에 대해서도 이해와 성찰이 결여된 결과라고 볼 수 있다.

정치학자 남태현은 "정치하면 안 된다고 유난히 목청을 높이는 이들은 대개 정치적 힘이 가장 센 사람들"이라고 설명한다. 정부나 기업은 노동자가 스스로 노조를 조직하고 집단적인 의견을 제시하면 정치적이라고 하고, 보수주의자들은 진보적인 사람들이 사회에 의견을 내려 하면 그들이 선생님이건 노동자건 정치를 한다고 몰아붙인다. 삶의 모든 것이 정치와 밀접한 관련이 있고 일상이 곧 정치임에도 불구하고 '정치적'이라는 말이 부정적으로 사용되는 것은 기득권 세력들의, 자신들이 해야 할 일을 어디 감히 너희가 하느냐는 분노의 표현이기 쉽다고 남태현은 말한다. 서병수 부산시장의 〈다이빙벨〉 상영 취소 요구를 거부했던 이용관 전 집행위원장을 비롯한 부산국제영화제에 가해진 여러 보복적 조치들을 보면 서병수 시장의 멘탈리티에도 남태현이 언급한 '분노'가 자리하고 있음을 쉽게 유추할 수 있다. 속칭 '괘씸죄'를 적용한 것이다. 서병수 시장이 "정치적 중립을 훼손할 수 있는 작품"이라고 언급한 〈다이빙벨〉의 배경에 세월호 사건이 있고 세월호 사건 이후 드러난 대한민국 사회의 여러 민낯들이 있다.

2014년 4월 16일 뉴스화면을 접한 대한민국 국민들은 패닉 상태에 빠졌다. 수학여행길에 오른 안산 단원고등학교 학생 325명을 포함해 476명의 승객을 태우고 제주도로 향하던 세월호가 전남 진도군 앞바다에서 침몰했다. 배가 침몰할 당시 "이동하지 말라"는 방송을 듣고 자리를 지켰던 학생들은 모두 수장되었고 선장과 선원들은 승객들을 버리고 탈출했다. 해경이 도착했으나 배가 침몰한 이후 구조된 사람은 단 한 명도 없었다. 진도 팽목항에 도착한 학부모들도, 침몰 직전 구조된 학생들도, TV 화면을 통해 뒤집힌 배를 바라보는 국민들도 차가운 바다 속에 있을 아이들을 떠올리며 망연자실할 수밖에 없었다. 해경도 지자체도 중앙정부도 믿기 힘들만큼 무력했고 무책임했다. 더 믿기 힘든 일은 이후에 벌어졌다. 세월호 사건 발생 직후 카메라와 마이크 앞에서 눈물을 흘렸던 대통령이 어느 순간 급변한 태도를 보였으며 그에 따라 여론도 양분되었다. 유민 아빠 김영오씨의 단식을 안타까워하는 사람들과 그를 비난하는 사람들이 대립하기도 했다. 김영오씨는 끝내 대통령과 면담 할 수 없었으며 대신 교황으로부터 위로받았다. 단식하는 사람들이 있는 광장의 맞은편에서 단식 반대 폭식 퍼포먼스를 벌인 속칭 '일베'의 테러는 언급할 필요조차 없이 야비했지만 더 참담한 것은 '일베'보다 점잖게 이제 그만하라고, 이제 지겹다고 말하는 사람들의 존재였다. 그만둘 수 없는 사람들에게 '그만하라'고 말하는 사람들은 대체로 기득권자들과 가해자의 시선에서 상황을 바라본다. 그들이 설령 기득권층에 속해 있지 않다 해도 그들은 기득권층과 자신을 동일시한다. 다이빙벨과 관련된 태도 역시 마찬가지로 양분되었다. 다큐멘터리 영화 〈다이빙벨〉은 다이빙벨과 관련된 두 가지 입장 중 한 가지를 제시한다. 애초에 '정치적 중립'이란 가능하지 않은 사안이다. 또한 제도권에서 말하지 않는 것들을 말하는 것이 다큐멘터리 영화의 본질이라면 필요한 기획이었다고 할 수 있다. 한국을 방문한 프란치스코 교황은 세월호 유가족의 고통 앞에서 '중립'을 이야기할 수 없다고 밝힌 바 있다. 단테는 『신곡』에서 도덕적 위기의 시기에 중립의 자리에 서 있던 사람들은 지옥의 가장 뜨거운 자리에 서게 될 것이라고 했다. 우리가 추구해야 할 것은 '중립'이 아니라 '공정함'이다. 판단은 어디까지나 관객들이 하는 것이다. 상영조차 못하게 막는 것은 사전 검열과 다를 바 없다.

영화의 사전 검열이 등급제로 바뀐 시점은 1997년이다. 부산국제영화제가 시작되었던 1996년 영화 사전심의제가 위헌결정을 받았고, 이듬해인 1997년부터 등급제가 도입된 것이다. 긴 군사독재정권을 거치면서 국민들은 권력자가 봐도 된다고 허락한 영화만 볼 수 있었다. 가위질이 된 영화를 보았으며, 영화관에서 영화를 보기 전에 자리에서 일어나서 국민의례를 행해야 했던 시절도 있었다. 수많은 대중가요들이 불합리한 이유로 '금지곡'이 되어 들을 수 없던 시절도 존재했다. 그 모든 것이 자신의 권리에 대한 침해임을 인식조차 할 수 없던 시절이었다. 허락된 영화만 보게 하는 것도 가위질 된 영화를 보게 하는 것도 관객에 대한 모독이며 국민을 무시하는 처사이다. 검열을 하는 쪽에서 보면 관객들 나아가 국민들은 영원히 성장하지 못하는 어린아이이다. 그렇게 대한민국은 미성숙한 어른들로 가득 차게 되었다. 이는 우민화 정책이며 그 기저에는 두려움이 있다. 과거 조선시대에 일반 백성들이 글을 배우는 것을 원하지 않았던 양반 계층의 백성들에 대한 무시와 두려움과 유사하다. 지난한 민주화 투쟁의 결과로 이제 그런 시절이 다 지나간 줄 알았는데, 21세기 대한민국의 대표적인 영화제에서 발생한 '상영 취소 요구'는 시대착오적이며 민주화에 역행하는 발상이다. 관제적인 검열을 거친 영화만 보게 하는 것은 독재국가 전체주의 국가에서나 가능한 일이다. 대통령에게 충성을 보이려던 지방자치단체의 수장은 "상영작 결정은 프로그래머의 권리"라는 집행위원장의 이유 있는 항변을 권력에 대한 반역으로 이해했다. 그의 사고와 시선은 여전히 봉건적 수준에 머물러 있는 것이다.

부산국제영화제 사태에 투영된 대한민국의 사회문화 263

영화제, 그 존재의 의미

부산국제영화제가 고집스러운 관료정치인의 사적복수심으로 인해 침몰할 위기에 처한 상황에서 2016년 제17회 전주국제영화제 개막식에서 행해진 김승수 조직위원장의 발언은 큰 의미가 있다. 김위원장은 "영화제가 지난 16년 동안 올곧게 지켜왔던 '대안' '독립' 두 정체성을 더 확고하게 하겠다."는 다짐을 밝혔으며 "영화의 본질은 그것을 만드는 기술에 있는 게 아니고, 자유로운 표현에 있다."고 말함으로써 큰 박수를 받았다. 더불어 국제경쟁 심사위원장인 장 프랑수아 로제 역시 "세계 각국의 민낯을 드러내는 작품들이 많았다. 사회의 이면을 조명하는 감독들의 노력이 계속되기 바란다."는 의미심장한 발언을 했다. 이런 의지를 증명하듯 탐사보도 전문매체 〈뉴스타파〉의 최승호 PD가 만든 첫 번째 다큐멘터리 영화 〈자백〉이 다큐멘터리상과 넷팩상을 수상했다. 〈자백〉은 국가정보원이 무고한 시민을 간첩으로 만들기 위해 자백을 받는 과정을 담은 영화이다. 최승호 감독은 인터뷰에서 "TV 매체는 다수의 시청자를 대상으로 순간적인 파급력을 불러일으킨다. 그에 반해 영화는 영화관에서의 깊이 있는 영화적 체험을 통해 보다 지속적인 관심을 이끌어내는 것 같다. 사회적 합의를 만들어가는 데 적합한 방식이라 생각했다."고 말했는데 최감독의 이러한 발언은 영화 매체의 독자적 소명들 중 한 가지를 정확하게 지적했다고 생각된다. 결국 영화는 '정치적 중립'을 지키는 매체가 아니라 '정치적 논쟁'을 촉발시키는 매체인 것이다. 또한 영화제는 관제영화나 오락영화를 전시하는 장(場)이 아니다.

그렇다면 다른 나라 영화제들의 상황은 어떤지, 시선을 돌려 잠시 칸영화제를 살펴보려 한다. 2015년 제 68회 칸 영화제에서 황금종려상을 받은 영화 〈디판〉(감독 자크 오디아르)에서는 현재 유럽사회의 뜨거운 이슈인 난민 문제를 정면으로 다룬다. 스리랑카에서의 잔혹한 폭력과 거친 삶을 피해 프랑스로 온 난민들을 기다리고 있는 또 다른 거친 폭력을 투박하고 밀도 있게 묘사한 이 영화는 심사위원 만장일치로 칸 영화제 그랑프리가 되었다. 프랑스가 유러피안 드림이 실현되는 자유와 평등과 박애의 땅이 아님을 보여주는, 프랑스 사회의 어두운 면을 형상화 한 영화에 황금종려상을 안긴 칸 영화제의 결정을 보면서 '영화제'란 무엇인지에 대해 생각하게 된다. 2016년 제 69회 칸 영화제에서 황금종려상을 받은 영화 〈나, 다니엘 블레이크〉(감독 켄 로치)까지 염두에 둔다면 더 확실한 그림이 그려진다. 켄 로치 감독은 이미 2006년에 〈보리밭을 흔드는 바람〉으로 칸 영화제에서 황금종려상을 받은 바 있다. 사회비판적 시각을 견지하는 감독, 진보적 좌파 감독, 사회주의자 감독 등으로 지칭되어 온 켄 로치 감독의 영화는 언제나 주제의식이 선명하다. 〈보리밭을 흔드는 바람〉에서는 아일랜드 독립 운동과 아일랜드 내전의 한 가운데에 선 젊은이들의 투쟁과 고뇌를 형상화 했으면서도 영화 전반의 분위기는 선동적이기보다는 애잔하고 서정적이다. 〈나, 다니엘 블레이크〉에서는 묵직한 직구를 던지듯 영국의 복지제도의 허점과 관료제의 경직성을 고발한다. 칸 영화제가 아끼는 또 다른 대표적인 감독으로는 벨기에의 다르덴 형제를 들 수 있는데, 〈내일을 위한 시간(Two Days, One Night)〉(2014)에서 근로자들끼리 싸우게 하는 중간관리인의 횡포에 맞서 연대를 호소하는 한 여성의 외로운 싸움이 전개된다. 끝내 배신하지 않으며 자존감을 지키는 인물의 이틀간의 사투를 바라보는 카메라의 시선이 처음에는 건조하다가 갈수록 따뜻해지는 것을 느끼면서 놀라지 않을 수 없다. 〈내일을 위한 시간〉은, 상을 받지는 못했지만, 기립박수까지 받으며 큰 호응을 얻었다. 이렇듯 정치적인 입장이 분명한 영화들을 상영하고, 사회의 구조적 문제를 직시하는 영화에 상을 주는 칸 영화제는 69회를 맞을 때까지 외압에 의해 흔들리는 일 없이 세계에서 가장 명망 있는 영화제가 되었다. 이것이 프랑스의 문화적 수준이고 칸의 수준이라면, 대한민국의 문화적 수준과 부산의 수준은 지금 어느 지점에 있는가.

또 다른 세계적인 영화제인 베를린 국제영화제의 집행위원장 디터 코슬릭은 "베를린 영화제는 정부와 시가 공동 운영하고 있다. 독일 문화부장관이 수장 역할을 한다. 그러나 내가 집행위원장으로 있던 14년 동안 프로그램 설정에 어떤 외압도 없었다."라고 말했다. 반면에 2014년 부산국제영화제에서 〈다이빙벨〉 상영을 강행한 이후 바로 다음 해 부산국제영화제에 지급되는 국고지원이 절반으로 삭감되었다. 이용관 전 집행위원장도, 김동호 조직위원장도 "지원은 받지만 간섭은 받지 않는 것이 지금까지 줄곧 지켜온 원칙"이라고 강조했지만, 중앙정부나 서병수 부산시장을 비롯한 지방자치단체 관료들의 생각은 그렇지 않은 듯하다. 즉 예산을 지원해준 우리의 말을 들어야 한다는 의식이 있는 듯하다. 그렇다면 그들은 크게 잘못 생각하고 있다. 부산시에서 지급하는 돈은 부산시민의 세금이지 부산시장의 돈이 아니다. 국고 역시 국민의 세금으로 구성되는 것이지 중앙정부관료의 사적 재산이 아니다. 지방자치단체장도 중앙정부의 관료들도 지자체의 시민들과 국민들의 세금을 받고 일하는 일꾼일 뿐이다. 영화제의 주인은 결국 시민이고 관객이다. 관객들이 다양한 문화적 충격을 통해 그들의 삶의 지평을 확장할 수 있을 때 영화제는 관제행사가 아니라 영화인들과 관객들의 축제가 될 수 있고 여기에 영화제의 존재 의의가 있다.

이이제이(以夷制夷)를 경계하며

　우여곡절 끝에 부산시는 그동안 부산시장이 당연직으로 맡아왔던 조직위원장 자리를 민간에 이양하기로 결정하고 초대 민간 조직위원장으로 김동호 명예집행위원장을 선임했다. 하지만 영화인 비상대책위원회는 아직 보이콧 선언을 철회하지 않았다. 이용관 전 집행위원장이 명예회복을 하지 못한 상태에서, 또한 정관 개정이 이루어지지 않은 상태에서 조직위원장을 바꾼 것만으로 사태가 해결될 수는 없다는 이유에서이다. 이용관 전 집행위원장 역시 정관 개정이 선행되지 않으면 영화제 자체를 개최하지 않아야 한다는 입장이다. 반면 김동호 조직위원장은 영화제는 어떤 일이 있어도 반드시 개최해야 한다는 것이 자신의 신념이라고 중앙일보와의 인터뷰에서 밝혔다.

　여기서 어느 쪽의 생각이 옳은 결정이 될 것인가를 따지는 것은 의미가 없다고 본다. 왜냐하면 영화인들끼리 다투는 모양새가 되어갈 수도 있겠다는 우려 때문이다. 또한 김동호 조직위원장과 함께 부산국제영화제를 만들고 키워왔으며 외압에 굴하지 않고 프로그래머가 선정한 영화 상영을 취소하지 않았던 이용관 전 집행위원장이 부산국제영화제를 떠나야 하는 것이 안타깝다. 대한민국에서 노조가 무너지게 된 배경에는 회사측의 '이노제노(以勞制勞)' 전략이 있었다. 즉 교묘한 방법으로 정규직과 비정규직, 남성과 여성, 대기업 강성 노조와 중소기업 노조들의 편을 갈라 노동자들끼리 싸우게 한 것이다. 만약 부산국제영화제 보이콧을 고수하려는 쪽과 보이콧을 철회하려는 쪽이 대립하게 된다면 결국 회심의 미소를 짓는 쪽은 서병수 부산시장과 그의 측근들일 것이다. 그들의 입장에서는 영화인들끼리 서로를 물어뜯게 하는 이이제이를 통해 이득을 보게 되는 것이며 부산국제영화제는 결국 추락할 것이다. 부산국제영화제가 추락하게 되면 이는 다른 분야의 문화행정에도 악영향을 끼치게 된다. 예술의 본령은 사라지고 어용만 남게 된다. 부산국제영화제가 노회한 관료들이 던진 이이제이의 그물에 걸리지 않고 추락 직전에 힘차게 비상하기를 기대한다.

마지막으로 부산국제영화제의 실무진이 아닌 관객이자 영화평론가의 입장에서 다소 냉혹할 수도 있는 질문을 제시하려 한다. 부산국제영화제는 권력의 철퇴를 맞았다. 그런데 사실상 부산국제영화제도 그동안 또 하나의 권력이 아니었는지, 편 가르기를 하지 않았는지, 기득권에 안주하지 않았는지, 배타적인 그들만의 리그였던 것은 아니었는지, 처음의 순수한 마음을 잃지 않았는지, 양적 팽창에 만족하지 않았는지 질문하며 돌아보기를 간곡히 바란다. 〈다이빙벨〉이 상영되었던 2014년 부산국제영화제 '아시아의 창' 섹션에서 내가 선택했던 인도 영화 〈내 생애 첫 번째 마가리타〉(감독 소날리 보세)의 오프닝 화면에 '상처는 빛의 통로이다'라는 인상적인 자막이 등장한다. 소날리 보세 감독은 정작 자신의 조국인 인도에서는 자신의 영화를 상영하지 못하고 있다. 인도 정부와 반목하고 있기 때문이다. 그래서 더욱 인상적인 메시지가 아닐 수 없다. 부산국제영화제가 입은 큰 상처가 빛의 통로가 되어서 부산국제영화제가 더욱 눈부시게 성장하기를 바란다. 그래서 혐오와 증오가 지배하는 이 시대에 한 줄기 빛이 되는 영화들을 부산에서 다시 만나게 되기를 소망한다. 그럴 수 있다면 지금의 난관과 시련은 후에 웃으면서 회고될 것이다. 문학평론가 정여울의 언술처럼 영화는 평생 '1인분의 삶'밖에 살 수 없는 인간이 '타인의 삶' 속으로 스며들어 가는, 아주 제한적이지만 여전히 소중한 메시지의 통로이다. 영화제는 그 통로들을 연결시켜 만나게 해야 한다. 부산국제영화제가 '여전히 소중한 메시지의 통로'들을 만나게 하는 거대한 대양과도 같은 진정한 영화의 바다가 되기를 바란다. 그곳에서 야만의 시대에 더 간절한 빛의 합창에 몸을 맡기고 유영할 수 있기를 소망한다.

게재 정보

이 책에 수록된 칼럼들이 게재된 매체와 날짜는 다음과 같습니다.

1. 영화와 선거를 통해 본 '노인의 반란'

매일경제신문, 2013. 01. 25.

2. 인간답게 죽을 권리, 인간답게 살 권리

매일경제신문, 2013. 03. 15.

3. 낮게 울려 퍼지는 강렬한 진혼곡, 영화 〈지슬〉이 상기시키는 과거와 현재

(2013년 4월에 원고 청탁을 받고 쓴 글이었으나 정치적 이유로 인해 신문에 실리지 못함)

4. 담벼락의 들꽃이 아름다운 이유

매일경제신문, 2013. 05. 24.

5. 춤추는 소녀들이 사랑에 빠지는 순간

매일경제신문, 2013. 07. 12

6. 길 위의 고양이, 그냥 놔두세요

매일경제신문, 2013. 09. 13.

7. 다문화의 그늘, 음지에서 사는 사람들

매일경제신문, 2013. 10. 25.

영화로 쓰는
러브레터

초판 1쇄 인쇄일 ┃ 2019년 6월 21일
초판 1쇄 발행일 ┃ 2019년 6월 30일

지은이   ┃ 이채원
펴낸이   ┃ 정진이
편집장   ┃ 김효은
부편집장   ┃ 이성국
편집/디자인   ┃ 정구형 우정민
마케팅   ┃ 정찬용
영업관리   ┃ 한선희 최재희
책임편집   ┃ 우민지
인쇄처   ┃ 국학인쇄사
펴낸곳   ┃ 국학자료원 새미(주)
              등록일 2005 03 15 제251002005000008호
              경기도 파주시 소라지로 228-2 (송촌동 579-4)
              Tel 4424623 Fax 64993082
              www.kookhak.co.kr
              kookhak2001@hanmail.net

ISBN   ┃ 979-11-89817-20-6 *03680
가격   ┃ 15,000원